ダイヤモンドザイ Diamond ZAiが作った マンガ「FX」入門!

監修◎陳満咲杜　画◎押山雄一

ダイヤモンド社

CONTENTS

はじめに

ＦＸ業界に身を投じて以来、たくさんの個人投資家を見てきました。インターネットがまだ普及していなかった電話取引の時代から、現在のように、一般家庭の主婦でもシステムトレードができるようになるまで、ＦＸ業界のイノベーションは目を張るものでした。

しかし、テクノロジーの進化に伴い、ＦＸ業界のイノベーションは決してそのまま個人投資家の進歩に繋がっていないのも事実です。特にＦＸ初心者に対する啓蒙教育においては、ひどい状況であると言わざるを得ません。

なにしろ、英語の「駅前留学」から着物の「着付け教室」まで、勤勉で勉強家の日本人のために用意された教育施設はたくさんありますが、ＦＸを含め、トレードを教える教育機関は皆無に近い状態です。そのうえ、英会話や着付けの習得には時間とお金をかけるのに、ＦＸなどトレードの勉強はＦＸ業者らの「サービス」のみですませ、すぐに儲けようとの一心でトレーダーデビューを果たした方が多いのが現状です。

しかし、投資・投機の世界に限らず、基礎と初心はとても大事ですので、初めのうちに正しくかつ厳格にマスターしないと、大成しないことは言うまでもありません。

本書の狙いは、「ＦＸ初心者の正しいスタート」をお手伝いすることです。それゆえに、巷に溢れる「ＦＸ入門」書と一線を画すところがたくさんあると思います。最初は「あれ…」と思われるところも、皆様の成長の後、必ず納得できるようになると自負しています。また、漫画形式なものは初めてですが、みなさまが取り込みやすいようであれば無上の喜びです。

第1章

FXの基本を知ろう！

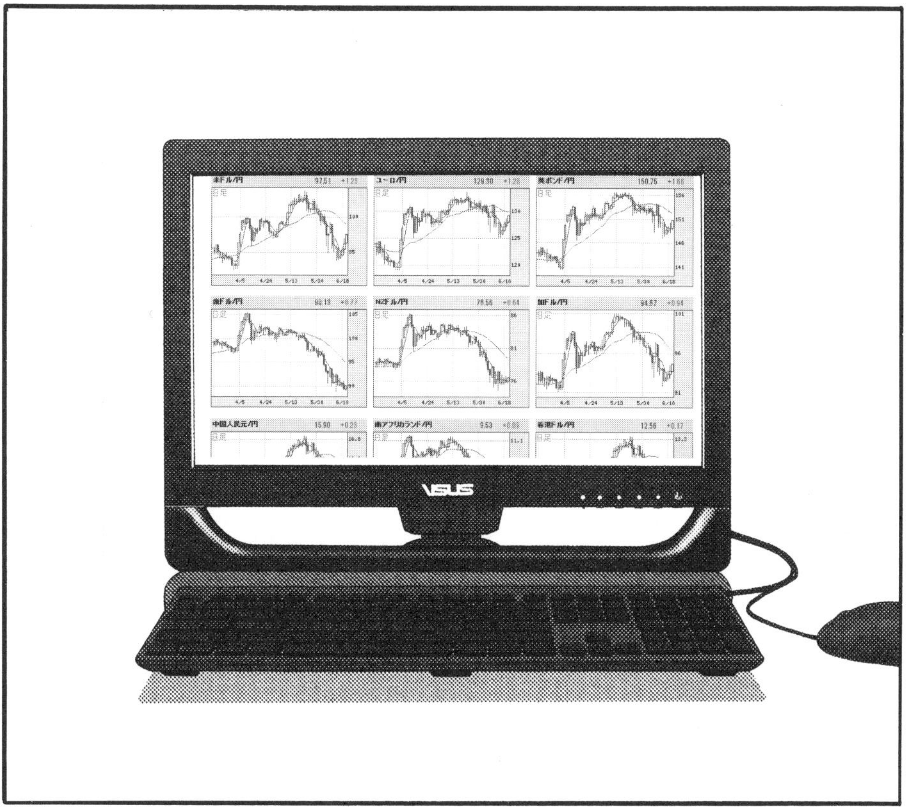

私も来年で30か……
そうだな
そうだなって他人事みたいに言わないでよ!!
川西恵美（29）
だって、オレもう30過ぎてるし……
久保太一（30）

そうじゃなくて私たち付き合い始めて何年経ったと思っているの!?
えっと……5年…かな？
そうよ それで私ももう三十路《みそじ》なのよ
どうするつもりなのよ
どうするって何をだよ
ぐび…
最初の予定では私が30になる前にちゃんとするって言ってたじゃない!!
女の口からそんな事言わせるつもりなの？
……
だってさ…この不景気で給料は上がらないし貯金もできない
結婚なんて考えられないよ

もういい!!
私帰る!!
ガタ
何怒ってんだよ?
しょうがないだろ
世の中がこんなに
不景気なんだから…
若いオレたちに
なんかロクな
仕事が回って
こないんだよ
何 情けない事
言ってんのよ!!
定時で終わる仕事
なんだから アルバイトでも
すればいいじゃない!!
バカ!!
バイトなんかして
会社にバレて
クビになったら
どーするんだ!?
そんな事
私のせい
じゃないわ!!
じゃあどうすれば
いいんだよ!!
知らないわよ
バカ!!

……
チクショウ!!
お客さん どうしました？
落としました…
落としましたって わざとなら弁償して もらいますよ
ホント すみません

!?
ちょっといいですか
と、突然なんですか？
いったいなんなんですか？
まあまあ座ってください
あ…あの……
すみませんでしたこちらの方は今日大変いやな事があったようです
本人も謝っていますしご勘弁いただけないでしょうか
……え？

……
わざと割ったわけじゃないようですからまあいいでしょう
余計なお世話でしたか？
は…はあ……
器割ったのはオレなのになんで……？
ははは気にしないで下さい
な…なんだろこの人……高級そうな服でこんな安そうな居酒屋に……
私陳と申します
陳……中国の方なんですか？
はい

トレーダー？
www.chinmasato.com
代表取締役
陳　満咲杜
株式会社 陳アソシエイツ
〒104-0061 東京都中央区銀座
2-XX-XX ○○○○○ビル３階
Tel : 03-3532-△△△△
Fax : 03-6850-□□□□
Mail : info@chinmasato.com
えっと…トレーダーって株とかですか？
いいえ 私はFXというものを専門にやってます
FX……？
すみません 僕 勉強不足でFXがよく分からないんですけど……
そうでしょう だからさっきみたいなケンカになる
ム…
すみません 後の席で聞いてしまいました
他の客にも聞こえてるでしょうけど…

簡単に言うと
資金が足らなくて
将来に不安が
あると
まぁ この国の今の
経済状態では普通に
働いたんでは
将来に不安が
あるのはあたり前ですよ
はぁ…
だけど会社を
辞めるような
勇気もない
あ…あなたねぇ
ちょっと……
FXというのは
あなたのような人に
ぴったりな
投資なんですよ
え…？
どういう意味
ですか？

昔、ウォール街では
債券トレーダーは博士、
株は大卒、
為替は高卒でOKという、
つまりFXは
普通の方にむいている
それがFXです
…………
よくTVのニュースの
最後の方に外国為替
市場なんていうのが
出てきて円高とか
ドル安とか言って
いるのを聞いたことが
ありますか？
外国為替市
92円63〜64
↓35
はい
FXは簡単にいうと
その円高とかドル安を
利用して差額で儲ける
方法です
これを為替差益
といいます

はい中生《ちゅうなま》
お待ちーー
とりあえず二人の出会いに乾杯しましょうか
ちょっとまだよく分からないのでもう少し詳しく教えていただけますか？
ええもちろん
通貨ペアというのがあって簡単にいうとドルを安く買い高く売るとその差額で儲かるという仕組みです
円／米ドル
売
94円
93円
92円
買
92円で買って
94円で売る
＝2円の利益
このお酒が一杯1ドルだとして円で支払いするとなれば1ドル92円の時よりも1ドル85円の時に支払った方が得ですよね
へぇ簡単ですね

そう 仕組み そのものは 簡単です
あと 低い金利の通貨で 高い金利の通貨を 買うと金利差がもらえる スワップポイントという ものもあります
レート
一粒で2度 美味しいみたいな ものですか!!
すげー 億万長者も夢じゃ ないな!!
ははは そんな簡単なもの じゃありませんよ
そ…そうですよね オレなんかあまり 貯金もないし投資 なんかで 儲けるなんて 夢のような話だよな
いやいや 現在手持ちの 資金が少ないことは 確かに相場を 張ることができない 一つの要因では ありますが
FXでは レバレッジといって 少ない資金でも 大きなお金を動かす 事が可能なんです
運用資金
250万円
レバレッジ
25倍
自己資金
10万円
10万円 × 25倍 = 250万円

へぇ じゃあやっぱり オレでも 億万長者に？
それはあなた次第です FXはサブビジネスと いってもビジネスです
だからもちろん損をする事もありますし 損が続けば丸裸になることだってあります
サブビジネスとはいえ あなたが取り引きする 相手は世界中の プロフェッショナル なんです
それじゃあ オレみたいな 素人には無理 なんじゃ ないですか!?
いいえ 専門家でない人間にも それなりの戦い方《投資の仕方》 というのは あるんです
自分の立場などを 考えながらきちんと プランを立てて 計画的に資金運用をすれば 手持ちの資金を 増やしていく事は 可能ですよ

これを見てください
これがチャートといって為替相場の値動きをグラフにして視覚化したものです
今は細かい説明はしませんがこれは今日のドル円相場の動きを表わしていて右肩上がりつまり円安になっているんです
そういえば約一年前ぐらいから円安が進んで止まらない気が…
そうですねおととしの11月まで1ドル79円まで上がっていたのは事実です
その時見方が分かれたが大半の市場関係者は円高がつづくと思っていたんですよ

おととし11月に衆議院が解散したでしょう？
自民党の政権復帰が濃厚で安倍総裁の金融政策に市場が反応したんです
金融政策……ですか？
それでその日からどんどん円安になって目論見が外れた投資家たちはみんな慌てた
大損した人もいるんじゃないかな
へーー投資のプロでも失敗するんですね
逆に言えば素人でもやり方さえ間違わなければ利益を出すことが出来るという事です
これがFXの難しい所でもあり面白いところでもある
でもオレのような素人に経済のことなんかわかるかな……
FXの世界では予測のつかない事が頻繁に起こる
だから素人でもプロと同じ土俵に立って戦えるんですよ
すげぇな…
デヘ…

ただしFXはゼロサムゲームです
FXを行っている投資家の7割は損をしていると言われている
……
しかし副業《アルバイト》ではなくて投資……
あなたの会社員としての立場も問題ないでしょう
そ…そうですね
ここで簡単にお話ししただけではまだまだFXの入口に立っただけです
明日 仕事が終わったら私のオフィスにいらっしゃい
そして是非私の元でしっかりとFXを勉強しませんか？

でも
どうして陳さんの
ような人が
こんな所で一人で
飲んでいるのですか？
FXで儲けを
出すためにはただ
机に向かって
いただけじゃ
ダメなんですよ
世の中の事をよく
知らないとね
だから私は
こういう所に来て
周りの会話に耳を
澄ます……
それじゃ 何で
今日ボクの事を
止めてくれたん
ですか？
昔の自分を
思い出して……
かな
ま……まあ
いいじゃないか
明日待っているよ

FXコラム 1

「売りから入る」とは？

ＦＸ初心者のほとんどが疑問に思うのが「売りから入る」という取引だろう。「何も持っていないのに、どうやって売ることができるのか？」という質問は、初心者向けセミナーの定番中の定番だ。

まず、ＦＸは「証拠金取引」なので、口座のお金を実際の売買に使っているわけではなく、あくまでも、口座に入れたお金を「担保」に取り引きしていることを理解しよう。しかも、取り引きしているのは通貨そのものではなく、通貨同士の「交換レート」という指数を取り引きしていると考えるのがわかりやすい。

つまり、ＦＸでは「売買」とは言うものの、株と違って通貨を「所有」するということがないのだ。例えば、「ドルを買った」場合でも、口座に入れた円とドルを交換したわけではないのである。

また、為替は両通貨の交換関係に基づいているため、片方の通貨を買う＝もう一方の通貨を売ることになる。言い換えれば、売りから入るとは前の通貨（ドル/円ならドル）を指した場合の言い方で、ドル/円の売りとは円買いでもあるのだ。

ＦＸではこの「売りから入る」ということがスムースにできないと、利益を上げるチャンスが減るので、理屈はともかく、実際に売買して感覚をつかむことに専念しよう。

解説 1

さあ始めよう！ FX
儲かるルールはこれだ!!

解説１では、「FXで戦うことになる為替相場とはどんなところなのか？」「勝つために必要なこととは？」を陳氏が明確に解説していく。FXを始める前に知っておきたい為替相場の真実を、まずは理解することから始めよう！

STEP1

世界の通貨に投資できるFXってこんなにスゴい

FXの世界はシビアなもの「簡単で儲かる」はウソ

FXは、個人投資家に大変人気のある商品です。それは、株に比べてわかりやすいというイメージと、左で紹介したようなメリットがあるからでしょう。特にFXに興味を持った方のほとんどが、少ない手持ち資金で大きく利益を上げられる「レバレッジ」に魅力を感じたことと思います。

しかし、これは大きな間違いです。FX業者はレバレッジで大きく儲かることばかり宣伝しますが、逆に言えば、大きく損する可能性も同じだけあるのです。高いレバレッジで取引すれば、手持ち資金すべてが一瞬でなくなってしまうことも珍しくありません。

つまり、リスク・コントロールの観点から言えば、レバレッジ1倍でとまでは言いませんが、5倍以上のレバレッジで取引することは初心者には難しいと覚えてください。

簡単に大きな取引ができることと大きな利益を出せることとは、まったく別の別の話なのです。もし、「FXで一攫千金」を狙っているのであれば、その考えは今すぐ捨ててください。なぜなら必ず失敗するからです。

いきなり夢のない話でツマラナイかもしれませんが、FXでアナタが戦うのは「為替相場のトレーダー」なのです。つまり、プロ中のプロとの「マネーゲーム」に勝たなければ、儲けることはできない厳しい世界なのです。

もうひとつ、現在、日本は超低金利なのでスワップポイントに魅力を感じる方も多いのではないでしょうか。しかし、スワップ狙いで長期保有するトレードは邪道で、FXの本質ではなく、必ずいつか痛い目を見ます

実際、2008年まではこうした手法がもてはやされていましたが、案の定「リーマン・ショック」※で多くの個人投資家が痛手を被ったのです。

※2008年9月15日、アメリカの投資銀行である「リーマン・ブラザーズ」が破綻した。これが世界的金融危機の大きな引き金となったことから「リーマン・ショック」と呼ばれる。

FX5つの特徴

最大 25倍

少ない資金で大きな取引が可能

ＦＸは預けたお金を「証拠金」とすることで、資金の最大25倍の取引ができる「レバレッジ（＝てこの原理）」という仕組みがある。これを使うことによって、小さな資金で大きな取引ができるのがＦＸの大きな魅力となっている。

豪ドルなら 2.5%

高金利通貨に投資できる

金利の高い通貨を買うことで、「スワップポイント」と呼ばれる金利を毎日貰うことができる。円は金利が低いので、特に金利の高い豪ドルやNZドルのスワップポイントは大きくなるが、あくまでオマケであって本質ではない。

手数料 0円

取引コストが安い

ＦＸは基本的に手数料は０円だ。株式投資ではかなりの手数料が取られるので、このメリットは計り知れない。ただし、「スプレッド」といって買値と売値に数銭の差（ドル円の場合）あり、これが実質の取引コストとなる。

1日 24時間

いつでもどこでも取引できる

為替市場は世界中にあり、時差の関係で常にどこかの市場が開いている。そのため24時間取引できリスク管理が容易だが、土日は市場が閉まるので、土曜の朝７時（米国夏時間の場合６時）から月曜の朝７時までは取引できない。

口座を開くだけで 売買 どちらも可能

円高でも円安でも利益を出せる

ＦＸでは、「安く買って高く売る」だけでなく「高く売って安く買い戻す」ことができ、どんな局面でも利益を出せる。これは株式投資でいう※信用取引にあたるが、株式投資とは異なり「信用口座」などの開設は必要ない。

※株式の取引において、株式や株式購入の資金を証券会社より借り入れて株の売買を行うこと。委託保証金と呼ばれる担保を信用口座に預け入れる必要がある。

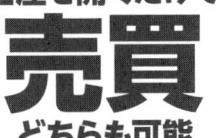

STEP 2 FXが投資するのは巷の常識の通じない為替相場

為替相場は理外の理で動く

いきなり夢のなくなる話から始めてしまいましたが、ＦＸは一攫千金を狙ったり、スリルを求めるものではありません。

ですから、まず最初に為替相場とはどういう世界なのかを知り、「どうすれば利益が出せるのか」をしっかり理解して頂きたいと思います。

まず、最初に知っておいて頂きたいのは、為替相場は「理外の理」で動く、理屈や常識は安易に通用しない世界だということです。

個人投資家の多くが、為替相場は経済の原理原則に基づいて動くと考えているようなのですが、そのような認識は危険です。

各国の経済環境から為替相場を分析する手法を「ファンダメンタルズ分析」と言いますが、もし、国の経済政策や金利といった要素で為替相場が決まるのであれば、エコノミストや先生と呼ばれる人たちは、誰もが相場から大きな利益をあげられるはずです。

そして、経済的な自由を得た先生たちは、面倒な相場の分析や解説をヤメてしまうでしょう。

ところが、為替相場はファンダメンタルズ分析では説明のつかない動きをするので、現実は違います。

その具体例を左にふたつあげました。これを見るとわかるように、相場はファンダメンタルズや常識から大きく離れる場合が多いのです。

用語解説

ファンダメンタルズ

「経済の基礎的条件」という意味で、具体的には、経済成長率や物価上昇率、国際収支などの※マクロ的経済指標のことを指す。こうした指標を分析して相場の先を読む手法を「ファンダメンタルズ分析」と言う。

※経済を捉える際に、政府・企業・家計などを国の総体として経済全体を見る方法。反対に家計や企業など個別の経済主体で経済を分析する方法を「ミクロ経済」と呼ぶ。

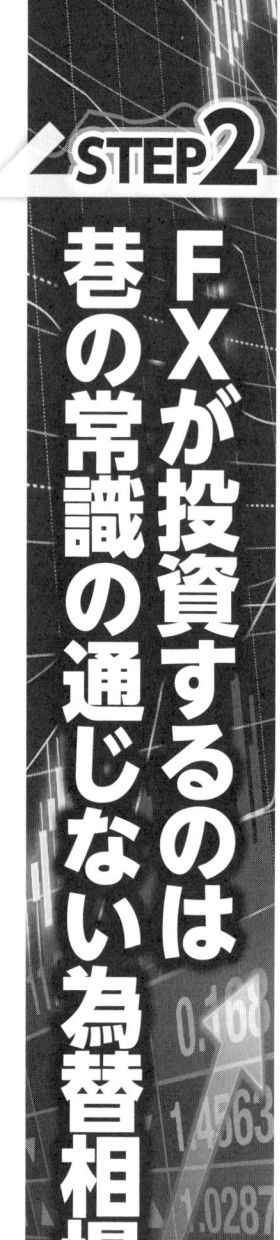

■ ゼロ金利の日本円が戦後最高値を記録

低金利、少子化、低成長の日本円が、2011年10月に対ドルで戦後最高レートを付けた。ゼロ金利の日本円が買われ続けたことをファンダメンタルズでは簡単に説明できない。

■ 金融危機を引き起こしたアメリカのドルが買われる

アメリカは、※サブプライム問題からリーマンショックを誘発し、世界的金融危機を引き起こしたが、「張本人」の米ドルが買われ、「被害者」のユーロやポンド、豪ドルが暴落した。

※アメリカの低所得者向けのローン（サブプライムローン）を債権化し、高利回りの商品として販売したが、債務不履行の急増で価格が急落し、金融機関が大きな損失を被った問題。

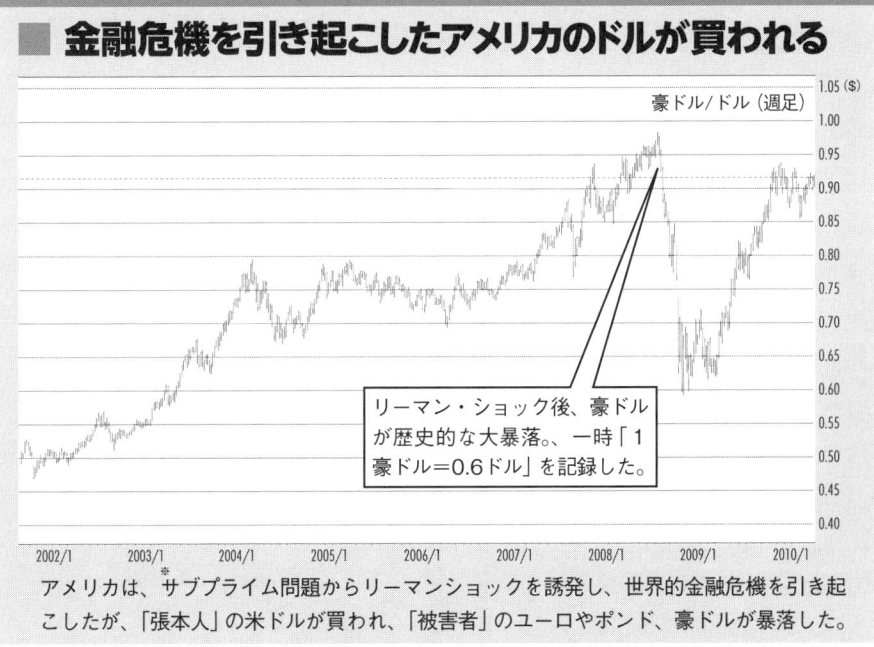

ドル/円相場で見る大きな流れ

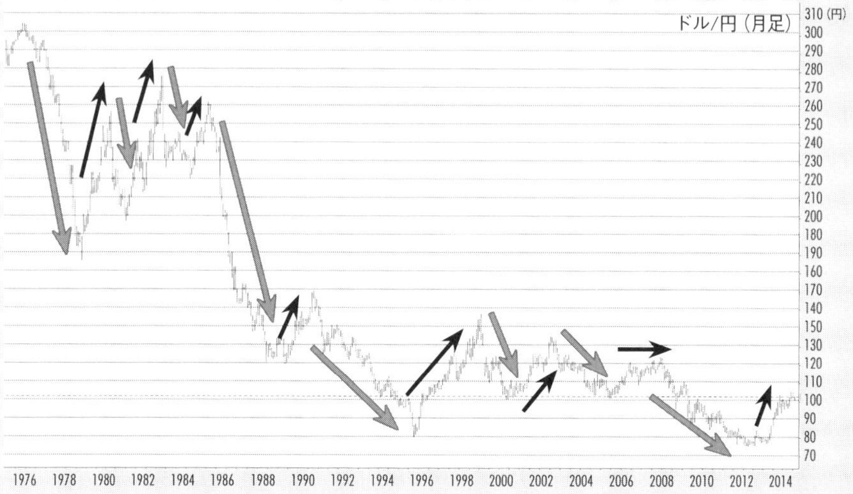

上は1975年から2014年までのドル・円相場の月間の値動きを示したチャート※だ。これを見ると大きく一方向に動くトレンド相場と、動く幅の狭いレンジ相場があることが良く分かる。1985年から始まったドル安/円高の一番大きなトレンドは、1985年秋のプラザ合意によるドル安誘導政策によるもの。その後、円高と円安を繰り返しながら、2011年10月に戦後最高値を記録、そこから反転してアベノミクスによる円安トレンドで一気に100円台までドル高/円安が進行した。

相場の流れを現す トレンドとレンジ

理屈で為替相場が動かないのであれば、相場を動かすのはいったい何なのでしょうか?

その答えの前に、為替相場の動きについて簡単に説明しておきましょう。為替相場に限らず、あらゆる相場には流れが存在します。

流れには2種類があり、一方向に大きく動いている状態を「トレンド相場」、どちらともつかずに上がったり下がったりを繰り返す状態を「レンジ相場」と呼びます。

また、トレンド相場には上昇と下降の2種類があるので、相場の流れは3種類あることになります。そして、これは、大多数の市場参加者の総意とも言え、この流れをつかむ事こそ、FXで勝つための大きなポイントなのです。

※為替相場の値動きを視覚的に表示したグラフのこと。いくつかの種類があるが、日本では始値、終値、高値、安値を表示する「ローソク足チャート」が一番良く使われている。

逆のポジションを持つ「敗者」の数とトレンドの関係

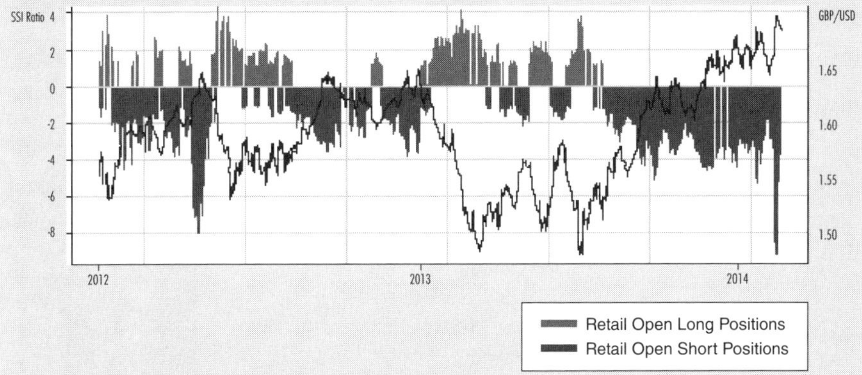

上の図は、2012年から2014年にかけてのポンド・ドル相場で、買いポジションと売りポジションの数と値動きを現したもの。左盛り0ラインの上はポジション買い超、下は売り超の状況を表している。折れ線グラフが値動きで、個人投資家の総計として、買い越しと売り越しがトレンドと逆の傾向にあることが分かる。また、逆張りのポジション（敗者）の数が多いほど、トレンドが加速していく傾向になることも見て取れる。

トレンドの強さは敗者の数で決まる

ＦＸにおけるトレンドの勢いは、正しい判断でトレンドに沿ったポジション※（外貨を保有すること）を持つ「勝者」の数のみではなく、間違った判断で逆のポジションを持つ「敗者」の数によっても決定されます。

なぜなら、損をする者が多ければ多いほど、損失覚悟で手仕舞い（投げ売りや踏み上げ）をしたり、資金不足による強制決済となる者が多くなります。

すると、より大きなトレードを推進することになり、連鎖的に次の敗者を作り出すために、トレンドを推進していくことになるのです。

逆に勝者の数が多い場合は、損切りと比べ連鎖的な反応を引き起こしにくく、大きなトレンドになりにくいのです。上の図を見るとそれがよくわかるでしょう。

※ＦＸで新規約定し保有している注文を「ポジション」と言う。「買い」から入った場合は「買いポジション」、売りから入った場合は「売りポジション」と呼ぶ。

STEP3 FXで儲ける秘訣はトレンドフォローにあり！

個人投資家は常に間違うもの

個人投資家は、トレンドと逆のポジションを持つ「逆張り」が好きです（29ページ図参照）。これは、人間の本能であったり、日常生活での感覚が抜けないため、どうしても逆張りをしてしまうのです。

また、仮にトレンドに沿ったポジションを持っていたとしても、早めに利益確定をしてしまいがちで、反対にトレンドと逆のポジション（つまり損するポジション）は、損切り※（損失を確定させる決済）できずに、ガマンして持ち続ける傾向が強くあります。

これは、個人投資家全体の傾向で、「個人投資家は常に間違う」と言っても過言ではないでしょう。

相場を決めるのはロング・ショートの力関係

相場は常に買い勢（ロング）と売り勢（ショート）がおり、為替レートはこのバランスで決められます。常にバランスが一致していれば、相場は動きませんが、どちらかに優位性があった場合は相場に動きが生まれます。

つまり、トレンドはロング・ショートのバランスが崩れた場合に発生し、また片方が強ければ強いほどトレンドが強く、長く維持されるのです。

であれば、「なぜバランスが崩れたのか」ではなく、「バランスがどちらに傾き、どれぐらい強いのか、どこまで続くのか」を考えるべきでしょう。

用語解説

ロング・ショート

ＦＸでは、通貨の「買いポジション」を保有していることを「ロング」、「売りポジション」を保有していることを「ショート」と呼ぶ。例えば、ドル/円相場でドルを買った場合、「ドル円のロング」と言う。

※損切りとは、含み損が生じている株式やＦＸなどの投資商品を売って損失額を確定すること。損失の拡大を防止し、資金を守る方法として重要視されている。

■ ショートポジション優勢の下降トレンドの例

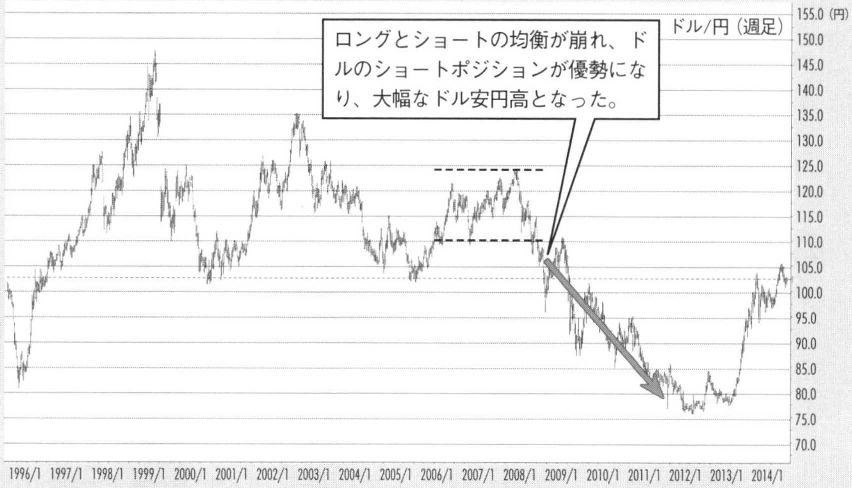

ロング・ショートのバランスが崩れ、どちらかが優勢になるとトレンド相場となる。上の例ではドル売りのショートポジションが優勢になった結果、大幅なドル安円高が進行した。

■ 相場は周期的にバランスが崩れる

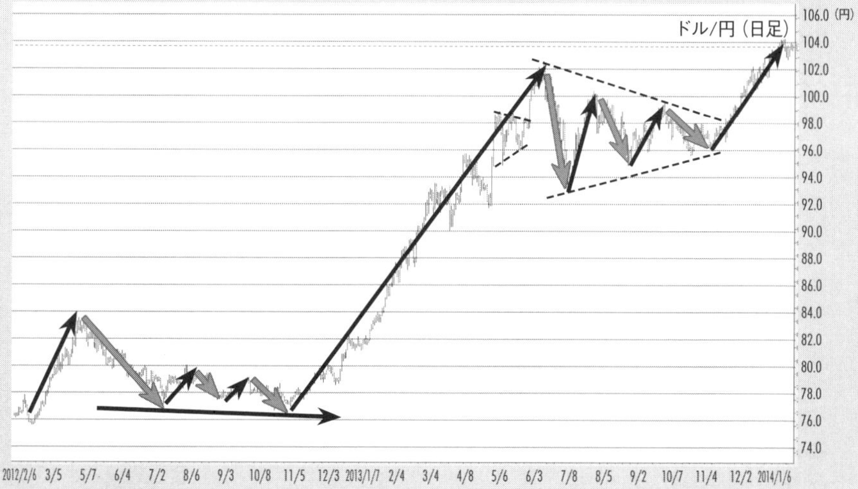

ロング・ショートのバランスは周期的に崩れるが、ファンダメンタルズ分析よりも、保ち合いが打破された時の方向と※モメンタムが重要。

※運動量のこと。または、単純移動平均の傾きを指すテクニカル指標の一種。正なら上げトレンド、負なら下げトレンドとなる。

STEP4

チャートを見れば勝ち馬に乗れる!

相場のことは相場に聞くのがテクニカル分析

理屈では説明できない相場の原理に沿った「勝てる取引」をするには、基本的にトレンドをフォローするしかありません。

トレンドはロング・ショートのバランスが崩れたときに発生することは説明しました。では誰がバランスを崩すのか、それは莫大な資金を動かしている機関投資家※です。個人投資家ひとりひとりが動かせる金額など、相場全体から見れば微々たるものですから。

ということは、FXで勝つためには、外から相場の流れに乗る＝勝ち馬に乗るしかないのが現実です。さて、それではどうしたら勝ち馬に乗れるのでしょうか?

その答えはチャートにあります。チャートに現れる様々なサインを分析して、トレンドに沿った勝ち馬に乗れるポジションを取るのです。

こうした手法をテクニカル分析と言います。私は、ファンダメンタルズ分析はまったく役に立たないとは考えていませんが、基本はテクニカル分析によって相場の流れに乗ることがベストだと考えます。そして、実際にこの方法で利益を積み重ねてきました。繰り返しますが、勝つために必要なのはトレンドに乗ることなのです。

そのために必要なテクニカル分析の方法については、47ページから始まる解説2で詳しく解説していくことにしましょう。

用語解説

テクニカル分析

テクニカル分析とは、過去の相場の値動きを分析することで、将来の値動きを予測する分析手法のこと。使用するテクニカル指標はかなりの数があるが、大きくトレンド系、オシレーター系のふたつに分類できる（詳細は47ページ）。

※銀行や保険会社、ヘッジファンド、年金基金など、企業体で投資を行っている大口の投資家のこと。動かす金額が大きく、金融市場における影響力が強い。

第2章
取引の準備をしよう！

あ…あれ？おかしいな？出ない？
場所も時間も合ってるはずなのに？
やあすみません久保さん
あ陳さん
ちょっと急に外でこの二人とお会いして……島本晴香さんです

どもう
久保太一です
どうも…
そしてこのお嬢ちゃんが美晴ちゃん
こんにち……
ザッ
…………
幼女にきらわれるタイプなのかなオレ……
急に外で…って陳さんはこのお二人とはどういう知り合いなんですか?
いや たった今コンビニで声をかけたので今日知り合ったばかりですよ
ええ!? どうして?
ははは 久保さんの時のようについ周りの会話に聞く耳をたててしまい……
…………
実は私 夫を去年病気で亡くしまして……

え……
入院代や手術費で保険金もほとんど使い果たし私は派遣で働きに出てるんですけど
……
来年はこの子も就学……
お金がかかる時期になると思うと……これから先が不安ばかりで……
オレよりもかなり深刻すぎるな……
た……大変ですね
派遣はどんなにがんばっても給料は上がらないしいつクビになってもおかしくない不安定な立場ですし
悩んでる人を見るとつい声をかけたくなってしまうんです
陳さん
ではどうぞお入り下さい
おじゃまします――

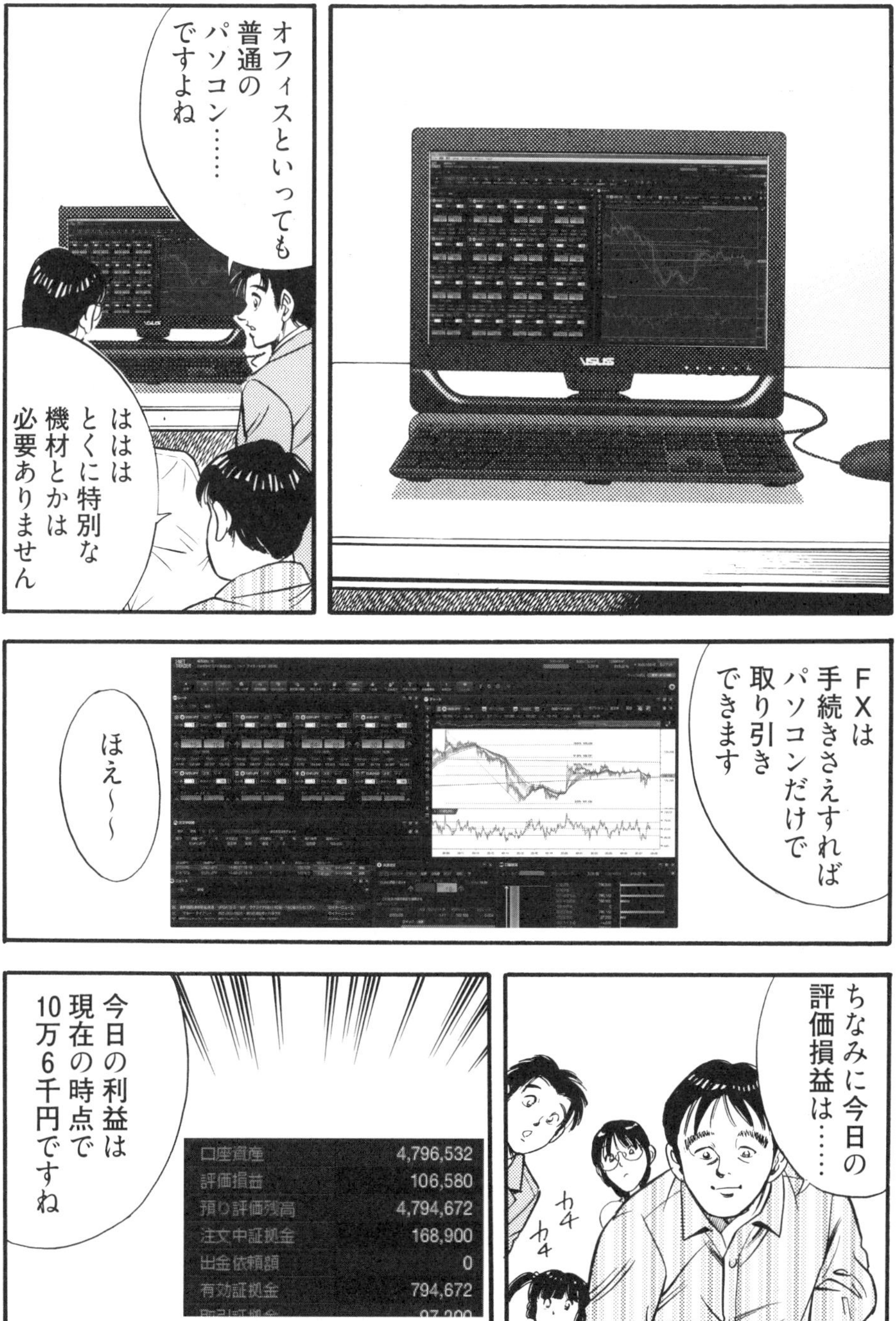
オフィスといっても普通のパソコン……ですよね
ははは とくに特別な機材とかは必要ありません
FXは手続きさえすればパソコンだけで取り引きできます
ほえ～～
ちなみに今日の評価損益は……
カチ カチ
今日の利益は現在の時点で10万6千円ですね
口座資産 4,796,532
評価損益 106,580
預り評価残高 4,794,672
注文中証拠金 168,900
出金依頼額 0
有効証拠金 794,672

こ…これは今日
一日での
利益で……？
いえ違います
これは今日の朝
1時間くらいで
出した利益です
えええ!?
1時間でこんなに
!?
んじゃ時給
10万円!?
すごいですね
さすが陳さん
いやこれは
ちょっと上手く
いきすぎ
かもしれない
FXの世界は
常勝なんて
ありえないんだ
私だって10戦して
6勝4敗がいい所
だよ

それじゃ損してしまうじゃないですか
いやその6勝で大きく勝って負ける時は小さく負ける
これでトータルはプラスにできる
へぇ…
そのためにも損切りというのが重要なんだ
損切りって何ですか?
簡単にいうと自分が損した分をあきらめて負けを認めることだよ
そのかわり勝ってる時はどんどんその勝ち幅を伸ばしていくんだ
勝
勝
負
負
負
負
負
負けた分は授業料と思えばいいのかな?
私に出来るかしら……

最初は誰もが
わからないだろうから
デモ講座を活用して
練習してみるといい
デモ講座で
練習したら
FX業者を選んで
ウェブサイトで
口座開設
を申し込む
いっぱいあるのね
その時に手数料や
スプレッドという
最低限必要な経費が
どのくらいでどの業者が
自分との取り引き
スタイルに合っているかを
よく検討するように
ネットの口コミで
サーバーの強さも
調べたほうが
いいかな
サーバーの
強さなんか
関係あるんですか
？

FXの取り引きは政府や日銀の発表世界各地で起きた事件や事故に大きく影響される
だから何か大きな事が起きた後は注文が殺到する
そんな時サーバーがダウンしたりすれば大きなチャンスを逃すことにもなるし自分の注文が確定するのが遅れれば損をかぶることもある
堅実！
勝負！
へえ意外な盲点ですね
あとで個別に相談にのるけど保証金がいくら用意できるかも重要で
それによって取引単位やレバレッジの幅が(トリ)が決まってくるんだ
なんか複雑ですね
いや最初はそう感じてしまうかもしれないけど普段遊んでるゲームと同じだと思えばルールは一度覚えてしまえば簡単だよ
そう言われてみれば普通のゲームだって覚える事はけっこうあるもんな
トランプにせよ麻雀にせよ

ただしFXは遊びでやってるゲームと違って購入したからお金はそれ以上に出ていかない訳ではなくてずっと損益は為替と共に変動していくんだ
ゲームのように爽快感や勝利の味を味わうためにやるんじゃなくビジネスとしてお金を儲けるためにやるんだという事を忘れてはいけない
は……はい

あら……美晴は？
あれ？さっきまでここに
スー…
スー…
まぁ美晴起きなさい人様の家で……
まぁまぁ起こさないでいいですよ
しかし今日は遅いから続きは3日後にもう一度集合しましょう
それまでにデモ画面でFXを試し口座開設の手続きをしておくように
わかりました！
美晴ちゃんボクがおぶっていきますよ
え…でもそんな申し訳ない……

「相依為命《シアンイーウェイミン》」困った時はお互い様
え……
島本さん送ってもらいなさい
美晴ちゃんもこんなにぐっすり眠ってるのに起こしたらかわいそうだ
すみません久保さん
いえいえ大丈夫です
では陳さんおやすみなさいーー
おやすみなさい
どうですか、FX島本さんできそうですか?
一攫千金なんて夢みてないけど美晴に新しい洋服を買ってあげるお金くらいは……

久保さんはFXで儲かったら何がほしいですか？
あ…いやボクは彼女との結婚資金とか……

まあ素敵!!
い…いやでも今日もまたメールに返信がないまま……ですね

はぁ～～早く結果ださないとな～～
久保さんあせらないでがんばりましょう！

FXコラム 2

デモ口座を活用しよう

ほとんどのＦＸ業者が無料の「デモ口座」を用意しており、これを利用すれば、仮想通貨でＦＸトレードを体験することができる。メリットは自分のお金を減らすことなく練習できること、デメリットは仮想通貨なので実際にトレーディングにおけるメンタルの問題までは学べないことだ。とはいえ、訓練なしで戦場に出る兵士がいないのと同じように、いきなり身銭を切ってトレードをスタートするのは自殺行為だ。

また、ＦＸ業者によって取引ツールはそれぞれ異なり、使い勝手や使えるテクニカル指標も違うので、それを実際に確認できるのもポイントだ。虎の子のお金を投入する前に、自分にとって取引しやすいツールかどうかがわかるメリットは非常に大きいと言えるだろう。最近はスマートフォンで使える取引ツールも、デモ口座で使えるところが多く、パソコンとスマートフォン両方の使い勝手を確認できる。

ＦＸ業者を選ぶ際は、手数料やスプレッドという最低限必要な経費がどのくらいかかるかはもちろん、取引ツールが自分に合っているかをよく検討しよう。

デモ口座の開設は、難しい手続きは必要なくウェブ上で「名前」と「メールアドレス」を登録するだけで済む業者も多い。あとは、登録メールアドレスあてにログイン用のパスワードが送られてくるので、デモ口座にログインすればいい。

解説 ②

儲かるための唯一の道！
惑わされないテクニカル指標の見方と使い方

解説２では、常識の通じない為替相場で儲けるために絶対必要な「テクニカル指標」について、陳氏が見方と活用法について解説していく。すぐに実践で使える指標だけを集めたので、テクニカル分析はこれだけを覚えればOKだ！

STEP1 テクニカル指標を知れば相場の構造がわかる!

テクニカルの基本中の基本 移動平均線を使おう

テクニカルアプローチを具体化、手法化、公式化したのがテクニカル指標です。それぞれの指標は、相場の一面しか探れませんが、整合性をもって「相場の構造」を浮き彫りにすることができます。相場の構造とは相場自体の変動リズムとパターンで、

1・すべての材料と思惑は、値段に織り込まれる。

2・相場には群衆心理が働き、それがトレンドを作る。そして、トレンドは覆されない限り続く。

3・歴史は繰り返す

ということであり、これが、私が考える「テクニカル指標を使う三大前提」となるものです。

さて、テクニカル指標には、大きく分けて、相場の方向性を探るのに最適な「トレンド系指標※」と、相場の強弱を把握できる「オシレーター系指標」があります。それぞれたくさんの種類がありますが、トレンド系指標では、オーソドックスな「移動平均線（MA）」を最初は見ていればよいでしょう。

移動平均線とは、一定期間の終値を平均したものです。例えば5日線なら「5日間の終値の合計÷5」で計算されます。ものすごく簡潔に説明すると、この5日間における投資家たちの平均売買コストと言えます。

そして、この平均売買コストという考え方を理解すれば、相場の状況やトレンドが見えてきます。

例えば、短い期間における取引コストが、それより長い期間のコストに比べ、高ければ高いほど上昇相場となります。なぜなら、以前よりも割高なコストを払ってでも買いたい投資家が多い＝強気な相場と考えられるからです。

逆の場合は、割安なコストでも損失覚悟で処分を急ぐ投資家が多い＝弱気な相場と考えられるわけです。

※トレンドの方向や強弱を判断するための指標。移動平均線のほか、エンベロープ、ボリンジャーバンド、パラボリック、一目均衡表など、たくさんの種類がある。

平均取引コストを上回る上昇相場

ドル/円（日足）
108（円）
期間が短いほど、平均取引コストが上なのでブル相場となる。また、平均コストが離れるほど強い。
50
100
200
※
中段保ち合い局面では、平均取引コストが接近したり、短い期間のコストが長い期間を下回ったりするケースを確認できる。
7/2 8/6 9/3 10/8 11/5 12/3 1/3 2/4 3/4 4/8 5/6 6/3 7/8 8/5 9/2 10/7 11/4 12/2 1/6 2/3 3/3 4/7
2013
2014

時間の推移につれどんどんコストから離れたところで取引され過熱感を増すが、やがて割高の通貨を売って割安通貨を買い戻す動きが生まれ、平均取引コストへと収斂する。

平均取引コストを下回る下降相場

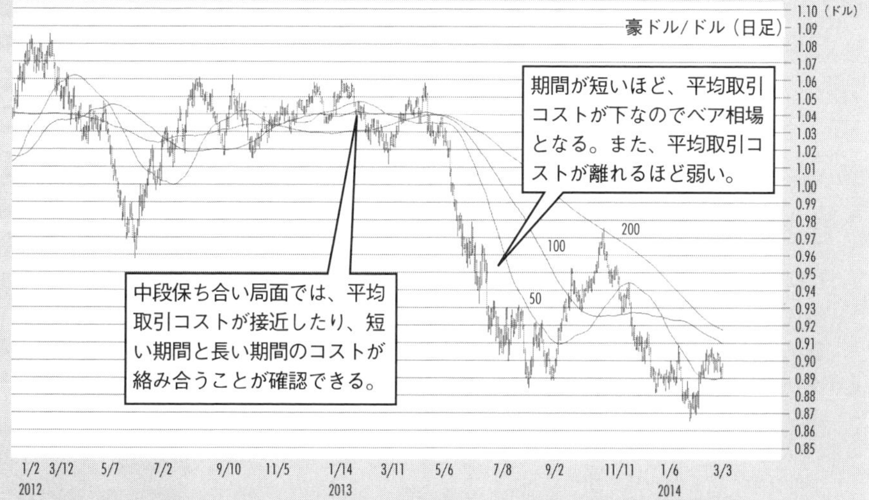
豪ドル/ドル（日足）
1.10（ドル）
期間が短いほど、平均取引コストが下なのでベア相場となる。また、平均取引コストが離れるほど弱い。
200
100
50
中段保ち合い局面では、平均取引コストが接近したり、短い期間と長い期間のコストが絡み合うことが確認できる。
1/2 3/12 5/7 7/2 9/10 11/5 1/14 3/11 5/6 7/8 9/2 11/11 1/6 3/3
2012
2013
2014

継続して低下しどんどんコストからかけ離れていくが、やがて、大分割安感が出たところで下値で拾う買いの方が支配的となり、平均取引コストへと収斂する。

※保ち合いとは、レートが一定の範囲を上下していたり、ほとんど動かなくなった状態のこと。中段保ち合いとは、保合いになる前のトレンドをそのまま継続している状態を指す。

STEP 2

トレンドの転換が一目でわかるゴールデンクロスとデッドクロス

売りサイン・買いサインを複数の移動平均線で見抜く

移動平均線を使えば、トレンドだけでなく相場の転換サインを見抜くこともできます。

基本的には、期間の異なる2本の移動平均線の重なりや離れ具合といった位置関係に相場の状況が現れるという考え方です。

そのなかで、典型的なふたつのサインが「ゴールデンクロス」と「デッドクロス」です。

ゴールデンクロスとは、期間の短い移動平均線が期間の長い移動平均線を「下から上に」突き抜けたことを指し、買いのサインとなります（左ページ上図参照）。

言い方を変えれば、短い期間の取引コストが長い期間の取引コストを上回ったわけですから、投資家が以前よりも高い取引コストを払ってもその通貨を欲しがっているサイン＝上昇相場のサインになるわけです。

デッドクロスはまったくの正反対で、期間の短い移動平均線が期間の長い移動平均線を「上から下に」突き抜けたことを指し、売りのサインとなります。

短い期間の取引コストが長い期間の取引コストを下回ったわけですから、損失を抱ることになっても売りたいというサイン＝下降相場のサインとなるわけです。

このふたつのサインはとても重要なので、しっかり覚えておきましょう。

用語解説

移動平均線の期間

移動平均線の期間は、※日足の場合、一般的に５日線・25日線・75日線・200日線が使われることが多い。日足の場合短期線は25日線、長期線は200日線のことを指し、この２本を組み合わせて使うのが一般的だ。

※１日という期間のなかで「始値」「高値」「安値」「終値」という四本値を、１本のローソクで表したチャートのこと。読みは「ひあし」。

上昇トレンドへの転換点「ゴールデンクロス」

移動平均線が下から上へ突き抜けるゴールデンクロスの例。このサインが出たら上昇※トレンド転換の可能性が高いので、買いのタイミングとなる。

下降トレンドへの転換点「デッドクロス」

移動平均線が上から下へ突き抜けるデッドクロスの例。ゴールデンクロスと逆に、下降トレンドへの転換を示すサインなので、売りのタイミングとなる。

※相場のトレンドは、いつまでも上昇し続けたり、下降し続けることはなく、必ず上昇は下降に、下降は上昇に転換する。これをトレンド転換と言う。

STEP3

トレンドを知るための抵抗ラインと支持ライン

チャートに現れるロングとショートの力関係

通貨の値段はロングとショートのバランスで決まるので、両勢力の綱引きが常に行われています、そして、一定の範囲や期間において、その力関係の象徴として、値段の上限と下限が明確にチャートに表れます。

こうした上限の集中区域を「抵抗ゾーン」と呼びます。これを示す「抵抗（レジスタンス）ライン」は高値から高値を連結することで表され、値段が上昇するときに、このラインで抵抗受け、上昇が止まりやすいという傾向が見られます。

また、下限の集中区域は「支持ゾーン」と呼びます。これを示す「支持（サポート）ライン」は安値から安値を連結することで表され、値段が下落するとき、ここまで下げると反発しやすいという傾向が見られます。

このふたつのラインをトレンドラインと呼び、後述するフォーメーション※を形成するなど、テクニカル分析の基本中の基本となっています。

上昇トレンドとは、抵抗ラインと支持ラインが、ともに右上がりですから、時間の推移に比例して、ロング・ショートのバランスがロング優位に傾く相場であることが分かります。反対に、下降トレンドとは抵抗ラインと支持ラインが共に右下がりですから、時間の推移に比例して、ロング・ショートのバランスがショート優勢に傾く相場であることが分かるのです。

そして、突き詰めて考えれば、トレンドラインで最も重要なのは「角度」だと言えます。両ラインの傾きが大きければ大きいほど強いトレンドであると判断できます。逆に傾きが少なくなるほど弱いトレンドと言え、両ラインがほぼ水平の状態となった場合は、典型的なレンジ相場、または保ち合い相場となるのです。

※フォーメーションとは、チャートに現れる特定の形状をパターン化し、そのパターンにおける過去の値動きから、その後の値動きを予測する手法のこと（詳細は60ページ）。

■ 上昇トレンドのトレンドライン

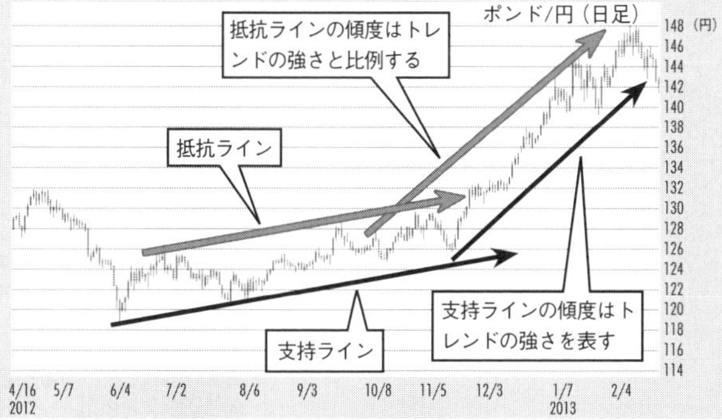

上昇トレンドにおける抵抗ラインと支持ラインの例。トレンドが強くなれば、両ラインの傾度が大きくなることが見て取れる。このように値動きに応じてトレンドラインを引き直すのも大事なポイントだ。

■ 下降トレンドのトレンドライン

下降トレンドにおける抵抗ラインと支持ラインの例。両ラインがほぼ同じ傾度で下がっていること、傾度が小さいことから、ダラダラと同じペースで下がり続ける下降相場であることが見て取れる。

■ レンジ相場のトレンドライン

レンジ相場※における抵抗ラインと支持ラインの例。両ラインがほぼ水平で、かつ平行になっているので、ロングとショートのバランスがこの範囲内で拮抗していることが見て取れる。

※上限と下限が決まった範囲内で、価格が上昇と下降を繰り返す状態のこと。箱の中に閉じ込められたような状況であることから「ボックス相場」とも呼ぶ。

STEP4

相場の転換時に現れるサポートラインのブレイク

ブレイクを確認したら取引のタイミングと心得よう

抵抗ラインと支持ラインの間でしか値段が動かないのであれば、これほど単純なことはないのですが、当然、そんなことはありません。

何かしらのタイミングで、抵抗ラインや支持ラインを突き抜ける動きが必ず起きます。これを「ブレイク」と呼び、ロングとショートのバランスの破壊と再構築をする動きとなります。

前述したように、トレンドの進行ということ自体が、地合い※の推移と比例したロング・ショートいずれかへの傾いたバランスですから、その打破は必然的に両ラインのどちらかをブレイクすることになるわけです。

そしてラインのブレイクこそ新たなバランスに向かう最初のステップとなります。つまり、ここに大きな取引チャンスが生まれるのです。

なぜなら、それまで跳ね返されてきたラインを突破するわけですから、その強い動きがそのまま強いトレンドになると推測できるからです。

具体的に説明しましょう。左ページ上段の図は、上昇トレンドの典型的なチャートです。

図に抵抗ラインをブレイクした部分を示しましたが、抵抗ラインをブレイクするとそのまま上昇トレンドになることが見て取れます。

また、左ページ下段の図は、逆に支持ラインのブレイクで始まった下降トレンドの典型的なチャートです。

抵抗ラインのブレイクと同じ様に、支持ラインのブレイクが、下降トレンドの始まりになっていることがわかるでしょう。

このように、トレンドラインのブレイクは、新たなトレンドのきっかけとなりやすいのです。ただし、ブレイクしたと見せかけて、すぐに反転する「ダマシ」の動きには注意しましょう。

※相場の状況や雰囲気のこと。上昇傾向にあれば「地合いが良い」、下降傾向にあれば「地合いが悪い」と言うが、明確な基準はなく感覚的なものが大きい。

抵抗ラインのブレイク

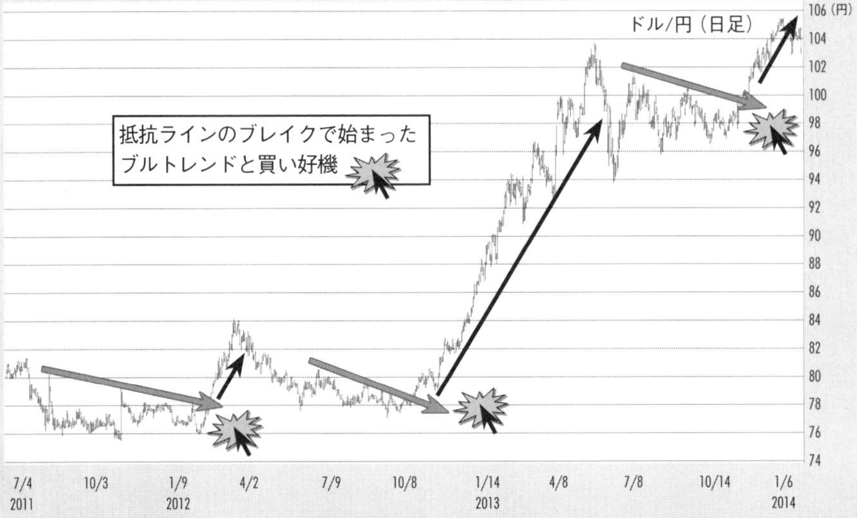

抵抗ラインのブレイクとは、ロングが優勢ということなので、そのまま上昇相場へと転じることが多い。ただし、すぐに反転する「※ダマシ」の動きにも注意が必要。

支持ラインのブレイク

抵抗ラインのブレイクとは逆に、支持ラインのブレイクはショート優勢なので、そのまま下降トレンドへつながることが多い。「ダマシ」の動きに注意が必要なのは同じだ。

※トレンドラインのブレイクに限らず、テクニカル指標で「売り」や「買い」のサインが出たにも関わらず相場が逆の動きをした場合、そのサインを「ダマシ」と呼ぶ。

STEP5

最もシンプルでわかりやすいプライスアクションを知ろう

バランスやトレンドを値動きだけで判断

「プライスアクション」とは値動き自体を指す言葉ですが、ここでは市場におけるバランスやトレンドを、一定期間（日足、時間足※など）の値動きの特徴から読み取る方法として使います。

例えば、日本の罫線や西洋のバーチャートも、値動き自体を記録してバランスやトレンドを見るための手段ですから、このプライスアクションの範疇に入るものです。

一番シンプルでわかりやすい例は陽線と陰線を数えるという方法でしょう。始値より終値が高ければ陽線、安ければ陰線とされますので、当然、上昇トレンドでは、陰線より陽線の本数が多く、下降トレンドでは陽線より陰線の本数が多くなるはずです。

つまり、陽線が多く、また連続して出現した場合、相場はロング勢に支配されていると考えられますので、押し目買いに徹すべきでしょう。

反対に、陰線が多く、また連続して出現した場合、相場はショート勢に支配されていると考えられるので、戻り売りに徹したほうがトレンドに沿った取引となるのです。

たったこれだけのことでも立派なプライスアクションであり、また相場を理解する重要な手掛かりとなります。

数を数えるだけという単純な手法ですが、「シンプルイズベスト」とはよく言ったもので、これほどわかりやすく効果的な方法はありません。

用語解説

バーチャート

欧米で一般的に使われている高値と安値を結んだ縦棒に、終値の横棒を左側に付けたチャート。シンプルさが強みで、トレンドラインをひきやすいメリットがある。現在は、陽線陰線を色分けしたものも登場している。

※1時間、4時間などの期間のなかで「始値」「高値」「安値」「終値」という四本値を、1本のローソクで表したチャートのこと。読みは「じかんあし」。

■ 陽線の数が多い上昇トレンド

相場が上昇トレンドの場合、どんどん値段が上がっていくので、値上がりを示す陽線の数が多くなる。非常に単純な話だが、これほど使いやすくわかりやすいサインはないだろう。

■ 陰線の数が多い上昇トレンド

下降トレンドの場合、値下がりを示す陰線の数が多くなる。もちろん、これだけで判断するのは危険だが、相場の方向性を探るひとつの手段として絶対に覚えておいて欲しい。

※ブルとは、雄牛（ブル）が角を下から上へ突き上げる姿から相場が上昇していることを表し、ベアとは熊（ベア）が前足を振り下ろす仕草から相場が下落していることを表す。

■「スラストアップデイ」の継続

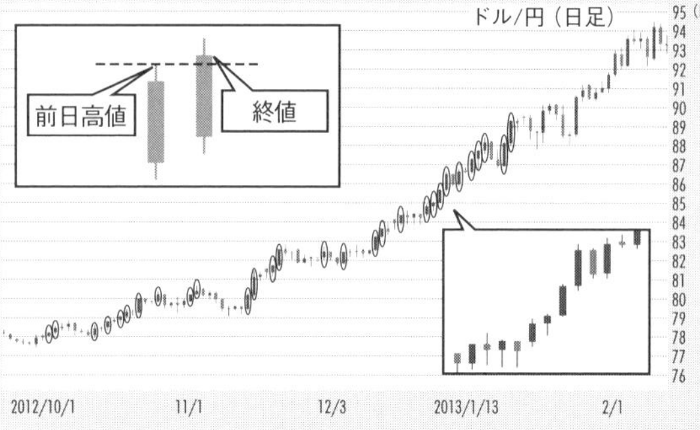

上昇トレンドでは、スラストアップデイが連続して現れやすい。つまり、連日高値を更新していく状態だ。実戦ではこうした局面において、スラストアップデイの後に陰線が２本続いた場合、※押し目買いが有効だった。

■「スラストダウンディ」の継続

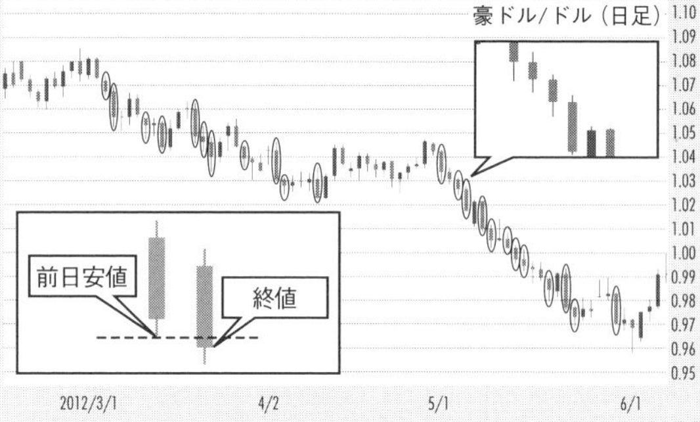

下降トレンドでは、スラストダウンデイが連続して現れやすい。つまり、連日安値を更新してく状態だ。実践ではスラストダウンデイの後に、陽線が2本続いたら戻り売りを仕掛けるという方法が有効だった。

前後の価格を単純に比較して バランスやトレンドを把握

様々なプライスアクションがあるなかで、ふたつの例を紹介します。まずは、基本的な「スラストデイ」と呼ばれるプライスアクションです。

陰線や陽線を単独サインと見なすのであれば、スラストデイは、前日の高値より高く大引けした「スラストアップデイ」と、前日の安値より低く大引けした「スラストダウンデイ」の２種類があり、比較されたサインと言うことができます。

ほとんどのプライスアクションは、このように単純な比較からサインを得られます。これほど簡単な比較だけで相場のバランスやトレンドを把握できるわけですから、トレンドフォローという意味合いでは、これほどわかりやすいものはないでしょう。

※上昇トレンドの相場が一時的に安くなっただけと判断して買うのが押し目買い。下降トレンドの相場が一時的に高くなっただけと判断して売るのが戻り売り。

■ 天井で出現する「リバーサルハイ」

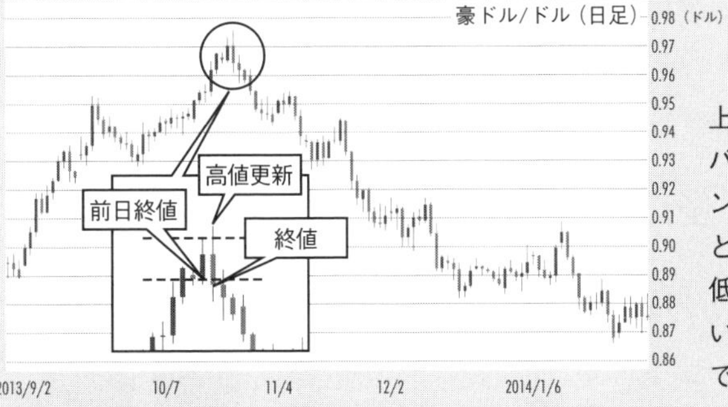

上昇トレンドの天井で現れたリバーサルハイの典型的なパターン。高値を大きく更新したあと、反落して前日の終値よりも低い終値となっている。知っていれば、トレンドの転換を察知できたはずだ。

■ 底で出現する「リバーサルロー」

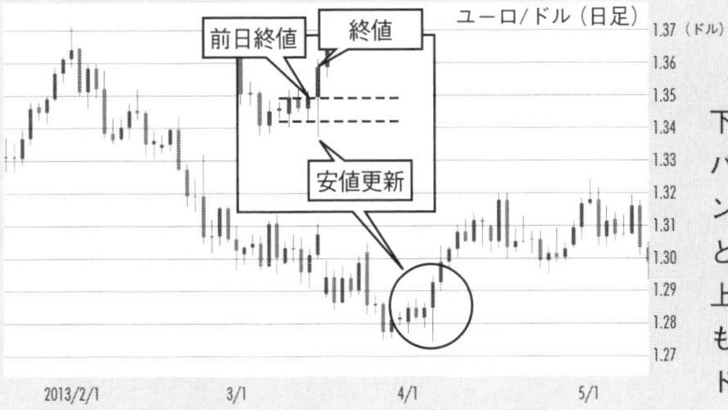

下降トレンドの底で出現したリバーサルローの典型的なパターン。安値を大きく更新したあと、反騰して前日高値を大きく上回る終値となっている。これも知っていれば、容易にトレンドの転換を察知できただろう。

トレンドの反転を知るリバーサルデイ

プライスアクション※は、トレンドの反転も測れるものが多くあります。そのなかで、もっともでわかりやすい例が「リバーサルデイ」でしょう。

これは2種類あり、上昇トレンドにおいて高値更新を果たしたものの、反落して前日の終値より低く大引けしたもの（前日安値より低く引けたらより典型的）を「リバーサルハイ」と呼び、トレンドの天井で出現しやすいサインとなっています。

その逆で、下落トレンドにおいて安値更新を果たしたものの、反騰して前日の終値より高く大引けしたもの（前日高値より高く引けたらより典型的）を「リバーサルロー」と呼びます。こちらは、トレンドの底で出現しやすいサインです。

※ここで紹介しているプライスアクションはほんの一例に過ぎない。もっと詳しく知りたい方は弊著「ＦＸチャート分析 マスターブック」にて詳細に解説しているので参照あれ。

STEP6

相場で繰り返されるパターン「フォーメーション」とは？

トレンドラインを引けば相場の展開を察知可能！

相場のあらゆる情報、材料やそれらに基づく市場参加者らの思惑や判断をすべて織り込んだ「相場構造の集大成」と言えるのが、これから紹介する「フォーメーション」です。

フォーメーションとは値動きのパターンのことで、「歴史は繰り返す」と言われるように、相場にも頻繁に繰り返されるパターンがあるのです。

高い確率で相場の行方を把握できるこういったパターンを抽出できること自体が、ファンダメンタルズでは測れない相場の本質を物語っていると言えるでしょう。

フォーメーションは、抵抗ラインと支持ラインが描き出す形状をもとに、見つけることができ、大きくふたつのタイプに分類することができます。

ひとつは、相場のトレンドが反転するときに出現しやすい「リバーサル」、もうひとつはトレンドが継続することを示す「コンティニュエーション」と呼ばれるものです。

コンティニュエーションは、さらに「レクタングル」※と「トライアングル」に分類できます。レクタングルは長方形という意味で、トレンドラインがほぼ水平に推移し、その範囲内で相場が上下する状態を指します。「レンジ相場」「ボックス相場」と呼ばれる状態がこれにあたります。

一方、トライアングルは三角保ち合いと呼ばれ、文字通りトレンドラインが三角形を形作るものです。

特に大切なリバーサルとトライアングルの代表的なフォーメーションを左ページにまとめてありますので、形状と特徴をしっかり覚えましょう。

ただし、フォーメーションは今後の展開を予想する大きなヒントになりますが、100％確実なものではないことを忘れないで下さい。

※水平なトレンドラインで形成するものがレクタングルだが、トレンドラインがどちらかに傾いているフラッグ（旗）も、レクタングルの一種と言える（61ページ参照）。

代表的なリバーサル・フォーメーション

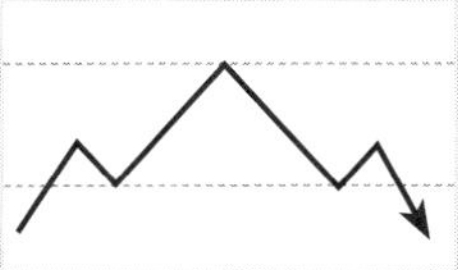

ヘッド&ショルダー（三尊天井・逆三尊）

相場の天井で現れる下落サイン。名称は人の上半身に似ていることから。三尊象に似ているため三尊とも呼ぶ。

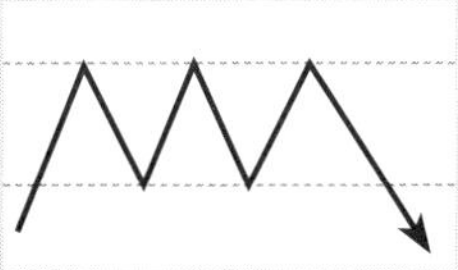

トリプル・トップ（トリプル・ボトム）

３つの山を形成し、ネックラインを突き抜けて下落する。トリプル・ボトムは形が逆で上昇していく。

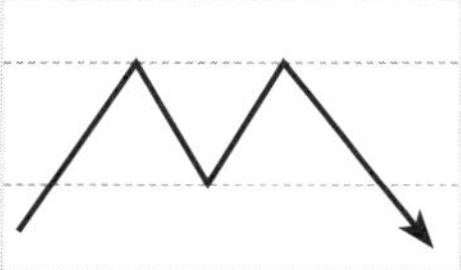

ダブル・トップ（ダブル・ボトム）

ふたつの山を形成しネックラインを突き抜けて下落する。ダブル・ボトムは形が逆で上昇していく。

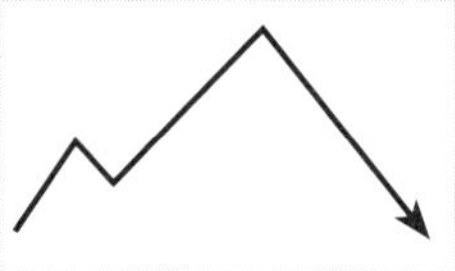

V時型トップ（V時型ボトム）

アルファベットのVに似ており、急激な上昇のあと大きく下落する。その逆がV字型ボトム。

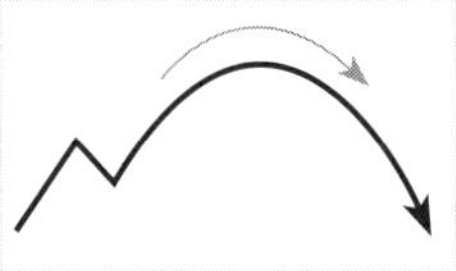

ソーサー型トップ（ソーサー型ボトム）

上昇の勢いが徐々に弱まり、円を描くように下落に転じる形。その逆のパターンがソーサー型ボトム。

代表的なコミュニケーション・フォーメーション

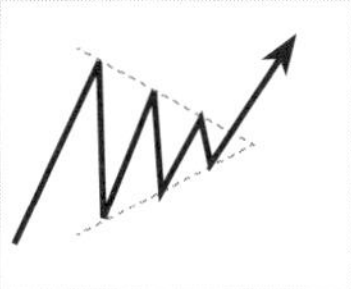

上昇ペナント

大幅に上昇したあと、高値は切り下がり、安値は切り上がって、最後に上昇する。

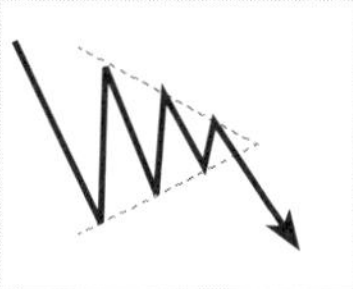

下降ペナント

大幅に下降したあと、高値は切り上がり、安値は切り下がって、最後に下降する。

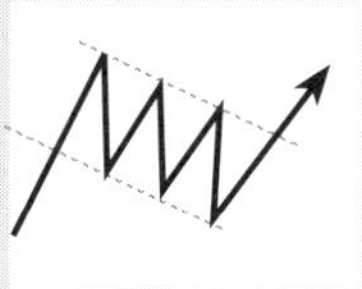

上昇フラッグ

大幅に上昇したあと、高値も安値も切り下がるが、支持ラインは割らずに上昇。

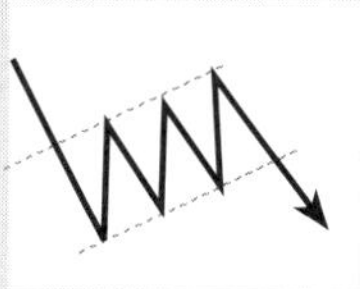

下降フラッグ

大幅に下降したあと、高値も安値も切り上がるが、抵抗ラインは超えずに下降。

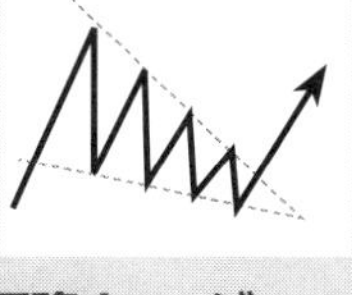

※下降ウェッジ

安値が穏やかに切り下がり、高値は大きく切り下がったあと、上昇する。

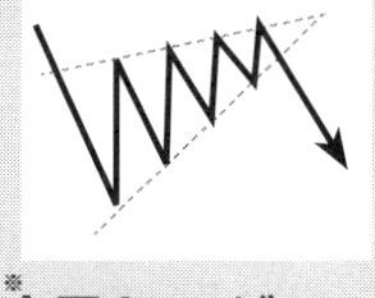

※上昇ウェッジ

高値が穏やかに切り上がり、安値は大きく切り上がったあと、下降する。

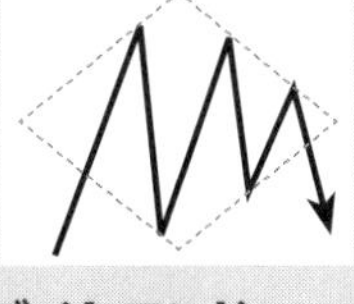

ダイヤモンド

相場の天井圏で出現し、左右がほぼ対象なのが特徴。下放れして下落する。

※フォーメーションで「上昇～」は上昇シグナル、「下降～」は下降シグナルだが、ウェッジだけは、正反対になるので注意しよう。

典型的なフォーメーション1

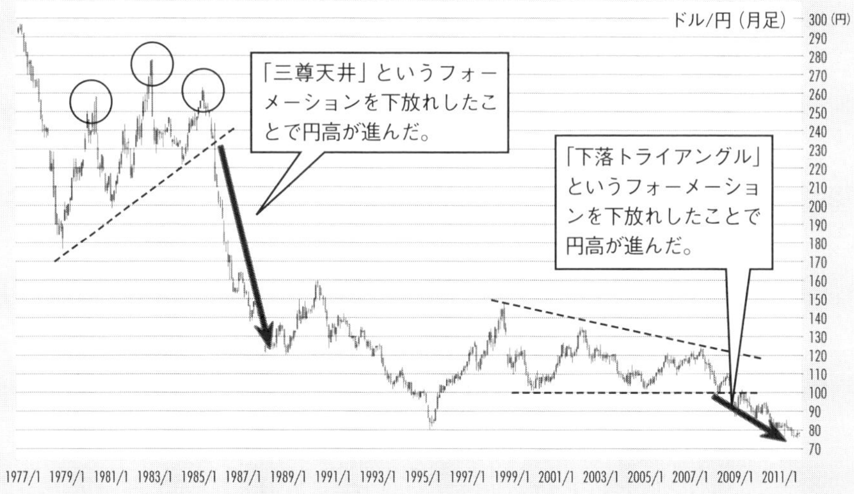

上のチャートには「三尊天井」からの下放れ、「下降ペナント」からの下放れという典型的なフォーメーションが見て取れる。最初の円高トレンドは、ファンダメンタルズ分析では『1985年の「※プラザ合意」で「円高ドル安」誘導を決めたことで円高が始まった』と説明できる。しかし、テクニカル分析でも「三尊天井からの下放れという典型的なフォーメーションによって円高が始まった」と言えるのである。

トレンドの素早いフォローがフォーメーション活用の極意

フォーメーションは相場の動きとトレンドによって形成され、そのフォーメーションのブレイクによって指示された方向に沿って相場が動いていくものです。

ただし、フォーメーションは市場の値動きの特徴を事前に把握するためのものに過ぎず、相場の将来を予測するためのツールではありません。あくまでも、トレンド転換の可能性を察知して、状況の変化に対応できるよう準備するためのものです。

つまり、相場バランスの究極のパターンとしてのフォーメーションをチェックしておくことで、そのブレイク後に形成されたトレンドに素早くついていくことこそが、相場で成功する王道なのです。

※1985年9月22日、G5（先進5か国蔵相・中央銀行総裁会議）による、為替レートの安定化に関する合意。実質的には「円高ドル安」に誘導する内容だった。

■典型的なフォーメーション2

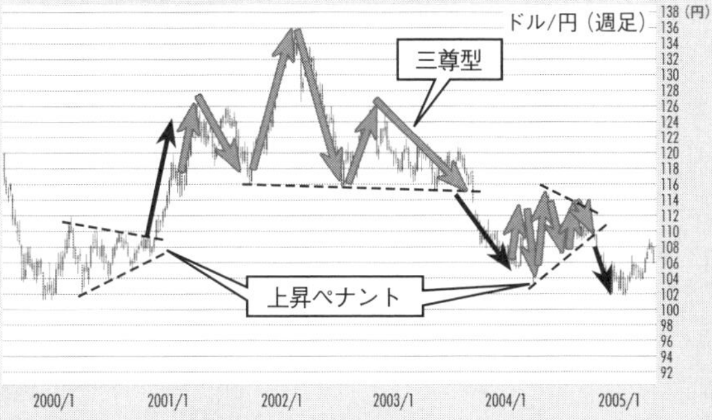

このチャートには「上昇ペナント」からの上放れ、「三尊天井」からの下放れのフォーメーションが見て取れる。いずれもパターン通りで、これもテクニカルに従って取引していれば、利益をあげられただろう。

■典型的なフォーメーション3

「逆三尊」※からの上放れのあと、一度保ち合いのトライアングルになって、再度「上昇ペナント」からの上放れとなったパターン。逆三尊が緩やかだが、こんな形でもフォーメーションになるという好例だ。

フォーメションの失敗「ダマシ」も重要なサイン

フォーメーションが出現しても、必ず同じパターンの値動きになるとは限りません。フォーメーションにも失敗があり、これを「ダマシ」と呼びます。

ダマシとは、本来強いトレンドを示すはずのフォーメーションのブレイクが、一時的なものに終わり、すぐに反転してしまうことを指します。

しかし、このダマシこそ最強のシグナルと言われています。というのもダマシの本質は、相場のバランスにあるので、繰り返されるはずのパターンをひっくり返す「何か」が相場にあることを物語っているからです。

フォーメーションの失敗である「ダマシ」ほど、相場の心理やロングとショートのバランスや闘争の面白さを物語るものはないでしょう。

※三尊天井が上下逆転した形が「逆三尊」で、相場の大底で出現しやすい。このように天井を見極めるパターン（61ページ参照）が逆転した場合、底を見極めるパターンになる。

STEP7 トレンドフォローの最終兵器 複合型移動平均線「GMMA」

12本の移動平均線でトレンドをビジュアル化

「GMMA」とは「Guppy Multi Moving Average」の略称です。オーストラリアのテクニカル・アナリスト※のダリル・グッピー氏が開発したもので、直訳すれば「グッピーの複合型移動平均線」となるでしょう。

その中身は、12本のEMA（指数平滑移動平均線）によって形成され、移動平均線同士の関係から、相場の構造を解明するテクニカルツールです。

私は、GMMAは非常に簡単に素早く、最善最良の判断を下すことができる最強のツールだと考えていますので、これから使い方を解説していきます。

GMMAの優れたところは、

・ビジュアルでパッと見てすぐに売買の判断を下せる
・トレンドフォローのあらゆる局面に対応できる
・ダマシが少ない
・逆張りの罠にハマらない

といった点です。大きな特徴として、それぞれ期間の異なる6本の移動平均線で構成された2組のストリーム（潮流）が同時に表示されることで、「トレンドがビジュアル化」されることがあげられます。

具体的には「今のトレンドはどこにあるのか？」「現在のトレンドをフォローすべきなのか？」「トレンドの転換に賭けるべきか？」といったことが、ひと目で判断できるようになっているのです。

用語解説

指数平滑移動平均線

直近の値段を「重視」し、過去の値段をやや「軽視」した方が、より精度の高い予想ができるという考えから、個々の価格データへの加重を「指数関数的」に減少させて、平均値を計算する方法。振幅が小さく、反応が早い特徴がある。

※チャート分析を重視し、専門的調査、分析を行うアナリストのこと。国の経済政策や金利などの基礎的要因を重視し、専門的調査、分析を行うのはファンダメンタル・アナリスト。

GMMAの基本形と見方

短期的な値動きで利益を出す投機家＝銀行ディーラーの動向を表す短期トレンドのストリームは、３日・５日・８日・10日・12日・15日の６本の移動平均線で構成される。本書ではこれを「鰯」と呼ぶ。一方、長期的視野で取引を行う年金などの期間投資家、実需筋、※ヘッジファンドの動向を表す長期トレンドのストリームは、30日・35日・40日・45日・50日・60日の６本の移動平均線で構成され、本書ではこれを「鯨」と呼ぶこととする。

GMMAのチャートはシンプルで見やすい

上にあるのがGMMAのチャートです。ローソク足に近い濃い色のストリーム状の帯が、６本の短期移動平均線で構成されたもので、短期のトレンドを表しています。

ローソク足から離れた薄い色のストリーム状の帯が、６本の長期移動平均線で構成されたもので、長期のトレンドを表します。あとは、それぞれのストリームの位置や関係で、トレンドを判断していくことになります。

GMMAは移動平均線のゴールデンクロス、デッドクロス出現前にシグナル点灯の可能性を示唆することが多く、またトレンドラインと相まって、トレンドの出現と継続性をいち早く発見できます。ですから、これほど的確な指標はないでしょう。

※公募により資金を集める投資信託とは異なり、機関投資家や富裕層等から私的に大規模な資金を集め、金融派生商品などを含む様々な手法で運用し、利益を追求する投資組織。

GMMAで見る上昇トレンド

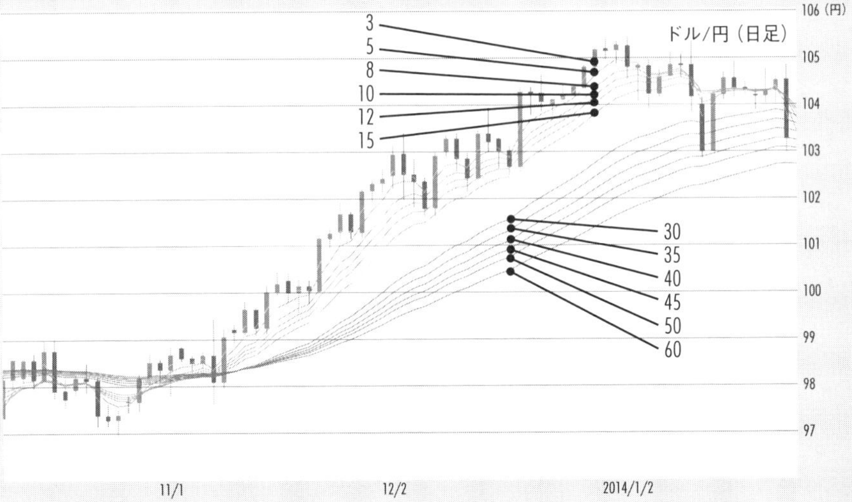

鯨も鰯も右肩上がりになっているので、上昇トレンドだとわかる。また、上昇トレンドでは「為替レート＞短期線（鰯）＞長期線（鯨）」という並びになり、これを「ブル配列」と呼ぶ。

GMMAで見る下降トレンド

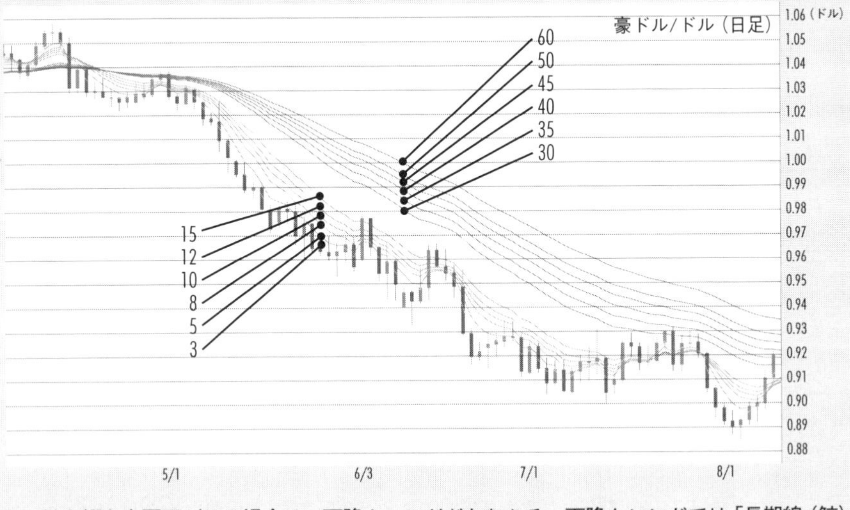

鯨も鰯も右肩下がりの場合は、下降トレンドだとわかる。下降トレンドでは「長期線（鯨）＞短期線（鰯）＞為替レート」という並びになり、これを「ベア配列」と呼ぶ。

●指数平滑移動平均線の期間設定は日足の場合の基本設定で、時間足や週足ではそれに合わせたものとなることに注意。

■ 鰯食いシグナル1

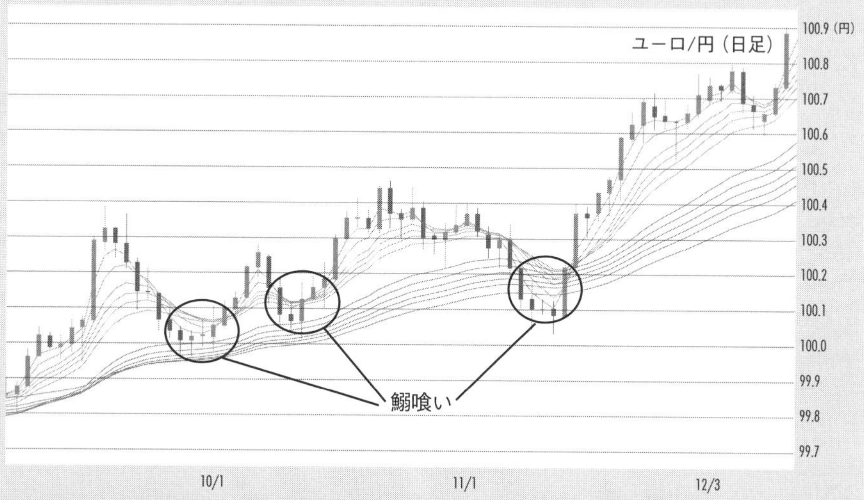

鰯食いとは、鯨に接近してきた鰯の群れが捕食されて元の方向に逃げるイメージだ。上記の例では、鰯喰いのタイミングが上昇トレンドの押し目買いのタイミングとなっている。

■ 鰯食いシグナル2

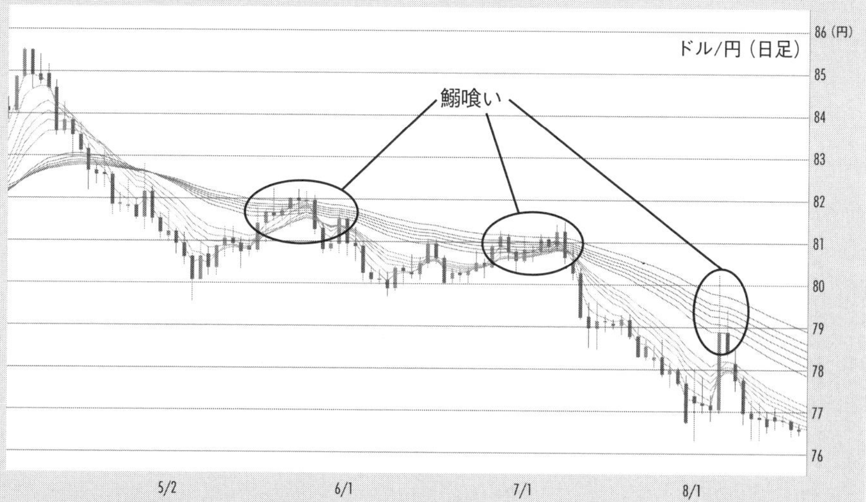

鰯喰いが下降トレンドの戻り売りのタイミングとなっている。ただし、上昇、下降ともに鯨が規則正しく並んでいる状態がシグナルの条件となる。

●GMMAの期間設定は変更することもできるが、開発者のグッピー氏がバックテストを重ねて最適な期間を設定しているので、いじらない方が良いだろう。

■トビウオシグナル

※トビウオは鰯が鯨を突破して上昇、つまり、上昇トレンドに転じたときに点灯するシグナルだ。基本的な考えは移動平均線のゴールデンクロスと同じだが、それよりも早く点灯するメリットがある。また、上記の例では、鰯の隊列が乱れたあと鯨に接触して下落する「鰯喰い」の動きを見せ、その後、隊列を戻しながら突破して離れたあと、上昇トレンドが始まっているのが見て取れる。エントリーするのは、すべての鰯が突破したタイミングだ。

鰯と鯨の形と関係から相場のトレンドを見抜く

GMMAでは、移動平均線と同じ様に、傾き具合を見ることで、トレンドの方向性を探ります。鰯と鯨が右肩上がりなら上昇、右肩下がりなら下降トレンド、水平ならトレンドなしと判断します。

特にメイントレンドを示す鯨の傾きには注意を払いましょう。ポイントは鰯と鯨の傾きの方向を見ます。同じ方向ならトレンドが継続していることがわかり、短期組の傾きが大きい場合は、トレンドの加速を意味します。

反対に方向が違う場合は、ポジション調整の局面を意味します。そのままこの状態が続くと、両者がクロスして、トレンドの転換となります。

また、鰯と鯨の間隔が広ければトレンド加速、狭ければ失速。鰯と鯨それ

※トビウオは、文字通り水面上へ飛び出す魚だ。上昇力のあるイメージから、鯨を突き抜け上昇トレンドへ転換する際のシグナルとして命名。

キャシャロットシグナル

※キャシャロットは、上昇トレンドまたは保ち合いから下降トレンドに転換する際、点灯するシグナルだ。上のチャートのように鰯が鯨に上から突っ込み、クロスして突破するパターンは、移動平均線のデッドクロスと同じだが、トビウオと同じように、こちらも点灯が早い。上記の例では、鰯の隊列が急激に収束したあと鯨に突入し、徐々に間隔を戻しながら突破していく様子が伺える。こうしたパターンでのエントリーは、すべての鰯が鯨を突破したタイミングとなる。

ぞれの6本の線の間隔が広ければトレンド加速、狭まっていれば失速です。つまり、間隔が広がっていくのであればトレンドの加速、狭まっていくのであれば失速と言うこともできます。

鰯の失速は勢いが低下していることを示しており、鯨の収束はトレンド自体の弱まりを示します。

さらに、6本の線の並びも重要で、トレンドが継続しているときは、期間の長短に合わせて規則正しく並びますが、転換の局面では6本の線が絡みあうようになります。そして、順番が完全に反転することが、トレンド転換を判定する前提条件です。

このように、GMMAは鰯と鯨を見るだけで、相場のトレンド見抜くことができます。

このほかにも、いろいろとルールがあるのですが、まずはここで紹介した基本をきっちり学んでください。

※キャシャロットとは、英語でマッコウクジラのこと。深海への潜行が得意なことから、下降トレンドへ転換する際のシグナルとして命名。

STEP8 トレード系指標を補完するオシレーター系指標

マニュアル的に使うと必ず失敗する!

テクニカル指標には、GMMAが属するトレンド系のほかにオシレーター系と呼ばれるものがあります。トレンド系指標は相場の流れを掴むためのツールですが、オシレーター系指標は主に相場の強弱を測る物差しです。

オシレーターとは「振り子」という意味で、文字通り、相場が強気と弱気どちらに「振れ」ているかを数値で表します。

このオシレーター系指標の王様と言われるのが「RSI(Relative Strength index)」です。この指標は、通貨の「買われすぎ」「売られすぎ」を数値化することで、相場の強弱を教えてくれます。

RSIは一定期間(一般的には14日間)の変動幅のなかで、レートがどれくらい上下しているのかを「パーセント」で表示します。

一般的には、70以上のゾーンに入ると「買われすぎ」※、30以下のゾーンに入ると「売られすぎ」と判断されます。そしてそれぞれのゾーンに入ったら、「買われ過ぎ」の場面では売りを、「売られ過ぎ」の場面では買いを考えるというのが一般的な理解です。非常に単純明快なので、人気があるのですが、私はこうしたトレード手法は間違っていると考えます。

まず、実践ではこんなマニュアルどおりのトレードをすれば必ず失敗します。なぜなら、そんな教科書通りに相場は動かないし、裏をかかれるからです。

そして、もうひとつ理由があります。それは、最初の説明と変わってしまうのですが、「オシレーター系指標も結局はトレンドを示唆する」という事実です。

これに関しては、左のカコミで簡単に解説していますので、そちらを参照してください。

※急激に価格が上昇し買い手がほとんどいないため、今にも下落しそうな状態。反対に「売られすぎ」は急激な価格下落で売り手がいないため、上昇に転じそうな状態のことを指す。

GMMAとRSIの引証関係1

トレンド系のGMMAとオシレーター系のＲＳＩは対極にある指標だが、RSIが50以上のときは上昇トレンド、50以下のときは下降トレンドとなっているのだ。

GMMAとRSIの引証関係2

上のカコミは特殊な例ではない。こちらのチャートでも、RSIの50ラインを境に上昇と下降トレンドがハッキリわかれている。つまり、RSIでもトレンドは判断できるのだ。

●RSIは上昇トレンドであれば30が下限となり、下降トレンドであれば70が上限となる傾向が強い。スピード調整の局面ではこの限界ラインにトライする場面が多いことを覚えておこう。

強気ダイバージェンスの例

サポートラインを引くと良くわかるが、下降トレンドでレートが安値を更新したにも関わらず、ＲＳＩのサポートラインは上昇しており、安値を更新していない。こうした状態を強気ダイバージェンスと言い、トレンド転換の可能性が高いことが予見できる。上記の例では、強気ダイバージェンス発生に遅れて、ＧＭＭＡでトビウオシグナルが点灯したことで、トレンド転換の確信を持つことができた。このように、両者を組み合わせることで、予測の精度がより高まるのだ。

「ダイバージェンス」は相場反転の可能性大！

「ダイバージェンス」は、相場の値動きとオシレーター系指標の動きが逆行する現象を指します。

具体的には、相場が大きく動いて新値をとったにも関わらず、オシレーター系指標のＲＳＩやＭＡＣＤ※が逆行しているために、新値をとっていない状態のことです。

このダイバージェンスが発生すると、その後、相場が反転する可能性が高くなります。

また、ダイバージェンスには、安値を更新したにも関わらずＲＳＩが安値を更新しない「強気ダイバージェンス」と、高値を更新したにも関わらず、ＲＳＩが高値を更新しない「弱気ダイバージェンス」の２種類があります。

ただし、いずれの場合も過信は禁物

※読み方は「マックディー」。直近の値動きに重点をおいた平滑平均線の短期と長期の差を表すテクニカル指標のひとつ（詳細は74ページ）。

■弱気ダイバージェンスの例

レートは上昇トレンドにありサポートラインも右肩上がりで高値を更新。しかし、ＲＳＩのサポートラインは右肩下がりで、高値の更新もない。このようにサポートラインが拡散方向にある状態を弱気ダイバージェンスと言い、こちらもトレンド転換の可能性を示唆する現象だ。実際、直後にキャシャロットシグナルが発生したことで、トレンド転換の可能性が一層高まった。このように、両者は性質が異なる指標であるにも関わらず、引証する関係にあるのだ。

で、「相場反転の可能性がある」程度の認識にとどめておきましょう。

トレンドに戻る可能性が高い「リバーサル」

「リバーサル」※は、ダイバージェンスとは反対に、相場が新値をとっていない状態で、ＲＳＩやＭＡＣＤが新値をとる現象です。

これが起きると、再び元のトレンドに戻る可能性が高くなります。例えば、上昇していた相場が下げに転じた際、リバーサルが出現すれば、反発して上昇トレンドに戻る可能性が考えられるわけです。

こちらも過信は禁物ですが、ダイバージェンスよりもトレンドの継続に賭けて順張りするリバーサルの方が、成功する確率は高いと言えるでしょう。ただし、どちらもエントリーの決定要因とはなりません。

※例えば、上昇トレンドの調整局面でレートの安値が更新されていないにも関わらず、RSIが下値を更新した場合は、上昇トレンドの継続を示唆するサインとなる。

■ GMMAとRSIとMACDで見る上昇トレンド

この上昇トレンドのチャートは上からGMMA、RSI、MACDを表示している。上昇トレンドの場合、RSIは50以上、MACDは0以上で推移するのが特徴。同時に表示すると引証関係にあることがわかる。

■ GMMAとRSIとMACDで見る下降トレンド

上と同じ様に３つの指標で下降トレンドのチャートを表示。RSIは50以下、MACDは0以下で推移していることがわかる。最初はGMMAだけを使い、慣れてきたら、このように※複数の指標を使ってみよう。

精度の高い人気指標MACDを知ろう！

ＭＡＣＤは、「Moving Average Convergence ／ Divergence Trading Method」の略称で、頭文字をとって「マックディー」と呼ばれています。

日本語に訳すと「移動平均・収束・拡散手法」で、ものすごく単純に説明すると「短期移動平均線と長期移動平均線の差」を表したものです。

例えば、相場の上昇力が強い場合、短期移動平均線が長期移動平均線を上回りますが、このときＭＡＣＤはプラスになり「上昇トレンド」と判断できます。逆に下降トレンドの場合は、ＭＡＣＤはマイナスです。

このようにＭＡＣＤは、相場の周期とタイミングを捉えることができ、ダマシが少ないという特徴があるので、定番指標として広く使われています。

※初心者がやりがちなのが、たくさんの指標やトレンドラインを表示して、複雑なチャートにすること。最初はシンプルにGMMAだけを使い、慣れてきたら増やすのが基本だ。

第3章 さあ取引を始めよう！

なんだあいつ……妙にやる気出しやがって……
♪
ここの所恵美とケンカしたり仕事もやる気が起こらなかったけど
FXのおかげで気持ちが前向きになってきた！
それに今日は陳さんとの約束の日だ
早く仕事を終わらせよう
久保さんこんにちはーー
よかったちょうど私たちも陳さんの所に向かうところでした

あれ島本さん笑顔が素敵になりましたね
あれから気持ちが前向きになってすっかり元気です
あ ボクもです仕事も急にやる気が出てきたし
そういえば美晴が……
先日送っていってくれたのでお礼を言いたがってます
あ…ありがとう……
よかったーー嫌われてたんじゃなかったのね
あらあら恥ずかしがってるのかしら
ちがうもーんちがうもーん
はははは

それではお二人が選んだFX業者をパソコンで見せてください
はい わかりました
オレは週5日の取り引きをするつもりなので手数料のない業者を選びました
米ドル/円
0.3銭
業界最狭水準のスプレッド
スプレッドは原則固定!!
手数料0円
対円通貨ペア 売レート 買レート スプレッド
米ドル/円 102.173 102.176 0.3銭
ユーロ/円 140.405 140.412 0.7銭
豪ドル/円 94.613 94.621 0.8銭
ポンド/円 169.640 169.652 1.2銭
ユーロ/米ドル 1.37418 1.37424 0.6pips
口座開設はこちら
羊頭狗肉
え?
今は手数料無料が当たり前でスプレッドに差があるんだ
この業者はちょっとスプレッドが大きいかな……

通貨ペア	スプレッド	概ね値
米ドル/円	0.7銭~1銭	0.8銭
ユーロ/円	1.4銭~2.0銭	1.8銭
英ポンド/円	2銭~5銭	4銭
豪ドル/円	1.5銭~4銭	2.4銭
NZドル/円	2銭~6.5銭	3.8銭

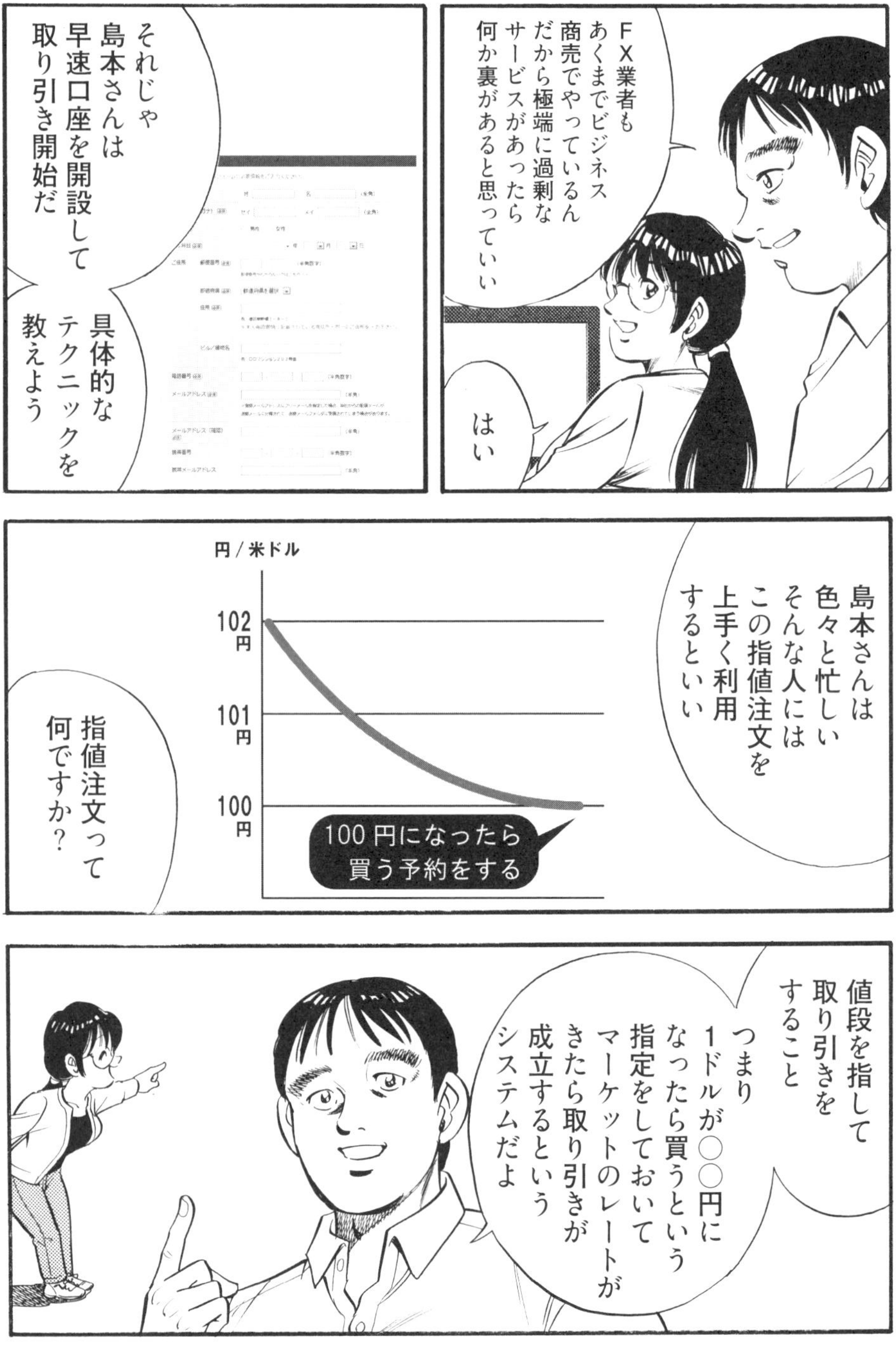
FX業者もあくまでビジネス商売でやっているんだから極端に過剰なサービスがあったら何か裏があると思っていい
はい
それじゃ島本さんは早速口座を開設して取り引き開始だ
具体的なテクニックを教えよう
島本さんは色々と忙しいそんな人にはこの指値注文を上手く利用するといい
円／米ドル
102円
101円
100円
100円になったら買う予約をする
指値注文って何ですか?
値段を指して取り引きをすること
つまり1ドルが○○円になったら買うという指定をしておいてマーケットのレートがきたら取り引きが成立するというシステムだよ

逆に どんな値段でも
いいからとにかく取り引きを
成立させたいから
現在のレートで
買うという注文の出し方を
成り行き注文というんだ
色々便利な
システムが
あるんですね

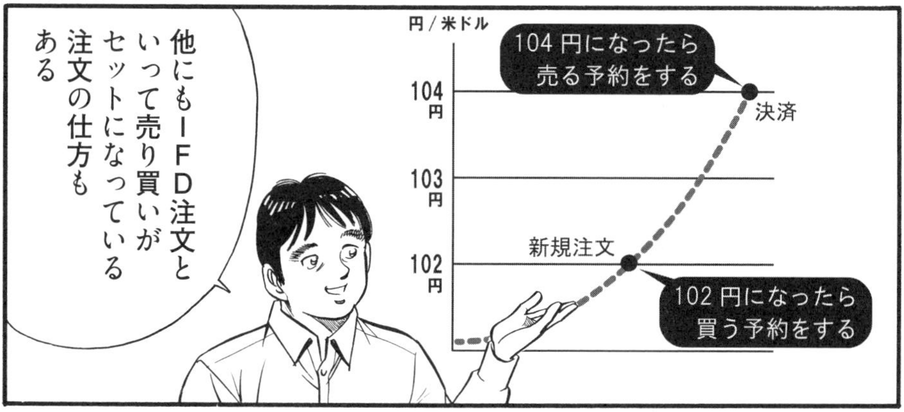
他にもIFD注文と
いって売り買いが
セットになっている
注文の仕方も
ある
円/米ドル
104円になったら
売る予約をする
104円
決済
103円
新規注文
102円
102円になったら
買う予約をする

FXは例えば
円でドルを買った
だけでは損益は
確定しない
そのドルで
もう一度円を買って
初めて損益が確定
することになるんだ
円
円

じゃあ売り買いがセットになっているIFD注文を出しておけばいつの間にか儲かっているなんてことがあるかもしれないですね
為替の世界はそんなに甘いもんじゃないよ
あ…ダメか
でも指値注文やOCO注文 成り行き注文IFD注文やIFO注文などの便利な機能を駆使すれば
FX画面の前にへばり付いている手間を軽減することは出来る
なおさら私たちみたいなサブビジネスでFXをやる人間には重要ですね
そうただし儲かることばかりとは限らない

自分がFX画面の前にいない時でも市場は動いている
そんな時損が膨らんでくるとマージンコントロールといって追加で保証金を求められることがある
最初の保証金よりお金がいることがあるんですか？
FX業者も商売だからね
お客さんの損が膨らんで自分たちも損をしそうになったらお客さんに追加で「お金を持ってます」という保証を求めるんだ
何か感じ悪いですね
いや商売の世界は非情だよ
ビジネスだからお客さんの損を肩代わりしていたら商売にならないだろう？

FXは市場にある限られたお金の取り合いなんだから 感じ悪いとかそんな感情に振り回されてるようでは勝ち目はないよ
は…はい
さらにマージンコントロールの際に追加で保証金を入れないとロストカットといって強制的に取り引きを終了させられてしまうんだ
終了
ええ業者が勝手にですか!?
でもそうやって勝手に取り引きを終了してくれることによって知らないうちに損がどんどん膨らんでいっていつの間にか借金を背負ってしまうという事が防げる

だけど ロストカットされて しまったせいで これから上がってくる はずの自分の買い目が そこで取引終了になって 損が確定しまう という事もある
あああーー 今が買い時 なのに ーーーー
お客様の 取り引きは 終了しております
色々と 入り組んで ますね
そう 何でも一方的に 都合がいい というのは ありえない
その事はよく 肝に銘じておく ように
勉強しなくちゃ いけない事が たくさん ありますね
確かに日本人は 勤勉でよく勉強 するね
覚えていなくては ならないことは いくつかある でも……
でも？

勤勉であれば勝てるというわけでもないところがFXの奥深いところでもあり恐ろしいところでもあり……
面白いところでもある
なんか競馬みたいだね
そうかもね
よしじゃあ晴香さんは早速口座開設だ
久保くんは明日にでももう一度FX業者を選びなおして連絡してくるように
次はいよいよ取り引きを開始するぞ
はい

解説③

トレードの勝率を高める！

取引プランの考え方と作成法

解説３では、トレードの勝率を高めるために絶対に必要な「取引プランの考え方と作成の具体的な方法」を、陳氏が徹底解説。為替相場の局面の判断から始める取引プランの作成など、より実戦的な内容に踏み込んでいく！

STEP1 チャート上のサインを見極め相場の局面を判断する

STEP2 テクニカルで局面を把握し単純明快に判断を下す！

STEP3 勝てるトレーダーになるには自分のモノサシが必要！

STEP 1
チャート上のサインを見極め相場の局面を判断する

5つの局面を判断し適切なトレードを！

為替相場は常に動いており、複雑で難解だからこそ、シンプルに捉えることが大切です。

よくトレンドには「上昇・下降・横ばい」の3種類があり、トレンドフォローには「売り・買い・様子見」の3つの局面があると言われます。

しかし、私は5つの局面、つまり

①買うべき局面
②買ったポジションを決済すべき局面
③売るべき局面
④売ったポジションを決済すべき局面
⑤何もせず様子を見るべき局面

に分類しており、それぞれの局面に応じて適切な判断を下すことが、利益を上げるために必要だと考えています。

ところが、個人投資家の多くがこれを無視して「上がっているのに売る」「下がっているのに買う」逆張りで失敗します。さらに、それならば順張り※すれば儲かるのかというと、そんな単純な話でもありません。

買ったポジションを決済する局面、売ったポジションを決済する局面、つまり利益や損失を確定するタイミングも知らなければならないのです。そして、これらは買うべき局面、売るべき局面と同じ様に考えがちですが、まったく違うものです。また、様子見するべきところで、取引することも失敗の原因となります。

相場が今、どの局面にあるのかを判断するために必要なのが、第2章で解説したテクニカル分析です。

そして、チャートに現れたサインを見極めることは、基本的な知識だけで誰にでもできるのです。

ただし、チャートは今の相場がどの局面にあるのかを測るためのツールであって、それ以上でもそれ以下でもありません。相場の先行きを予想できる魔法のツールではないのです。

※順張りとは、文字通りトレンドの流れに逆らわずに売買すること。上昇トレンドなら買い、下降トレンドなら売りでエントリーするのが順張りだ。

■ 局面の見極めと取引プラン

「逆三尊型」フォーメーション上放れを確認した時点で「買い」の局面になったと判断できる。※ストップは直前の最安値に設定したが、上昇トレンドが継続する限り、ターゲットとともに上方修正（ストップ1→ストップ2）していく。

■ 局面の見極めとターゲットの設定

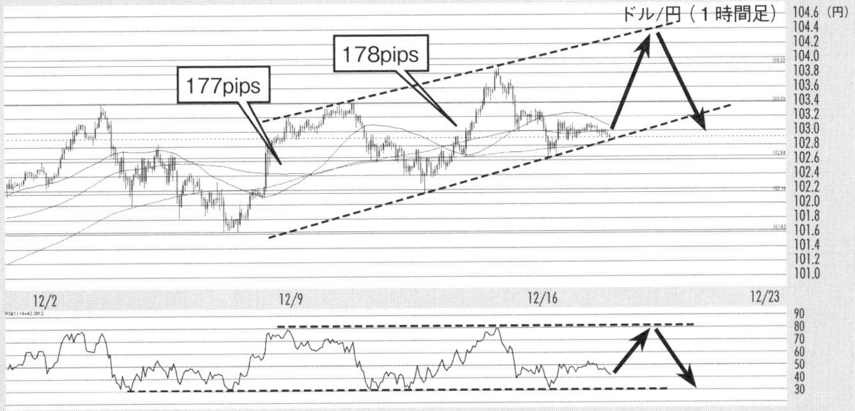

上記のチャートのように、相場は同じリズムを繰り返すことが多い。特に上昇トレンドのときは、トレンドと一致する変動値幅は均等になる傾向が強いので、過去の値幅から、次のターゲットとなるレートを予測することができる。

※「ストップ」は「逆指値」とも呼ばれ、現在のレートよりも不利なレートを指定する注文方法。決済のストップは損切りの設定となるため、リスク管理のために絶対必要だ。

STEP 2

テクニカルで局面を把握し単純明快に判断を下す！

「鈍感力」を磨けば「材料」に惑わされない

相場は「ウワサ」には敏感に反応し、先走って動くことが多いものです。そして、そのウワサが「事実」になった途端、すでに過去の話題だと言わんばかりに、相場が逆戻りしてしまうケースが良く見られます。

ここから得られる教訓は、いわゆる「材料」※絡みの話は、あまり当てにしないほうが良いということです。

専門家はこうした「材料」に関する分析をしていろいろコメントしますが、予想が外れても手のひらを返して正反対のことを言い出す人がほとんどです。ですから、そのような話は無視して、「相場が今、5つの局面のどこにあるのか」ということだけを考えていればいいのです。

つまり、トレーダーとして勝ち抜くためには、こうした専門家の意見に反応しない「鈍感力」が必要となります。

そして、ベーシックなテクニカル手法を用いて局面を把握し、単純明快に投資判断を行うことが大切なのです。

こうすることで「テクニカルの観点から、こういった状況だからこう対処するのがベスト」という明確な根拠を持ってトレードすることができます。

根拠があれば、例えその考えが間違っていたとしても、投資判断に関する反省はしても、「バカなことをした」と後悔することはないでしょう。

そして、市場で取り沙汰されている「材料」に惑わされず、エコノミストやアナリストの意見に流されず、それらの情報を踏まえて、すべてのマーケット参加者の総意として相場がどう動くのかだけを、冷静かつ速やかに観察すべきなのです。

そして、そこから見えてくる「相場の本音」を見抜き、値動きをすばやく追いかけていく「実行力」を養うことに努力するべきでしょう。

※材料とは、経済指標の発表や金融政策や為替政策の変更、為替介入、要人発言など、相場を動かす可能性がある要因のこと。

■トレンドの転換に乗る取引プラン①

下降トレンドから上昇トレンドへ転換する※トビウオシグナルの形成を確認して、上昇トレンドに乗る取引プランを作成。２日前の安値にストップを設定。その後レートの上昇に合わせて同じ条件で設定し直す。

■1−2−3の法則と取引プラン②

トレンド転換を測る「1-2-3の法則」をGMMAチャートに応用したのが「新１-2-3の法則」。トレンド転換時に起こりやすい「１・トビウオ＝トレンド転換」「２・鰯食い＝リバウンド」から上昇トレンドへの転換が確認でき、その後の「抵抗ゾーンブレイク＝高値更新」でエントリーのタイミングを察知できる。

※鰯（短期戦）が鯨（長期線）を下から上へ突き抜けるのがトビウオシグナル。下降トレンドから上昇トレンドへ転換した可能性が高い（68ページ参照）。

■リバウンド狙いの取引プランと実例

※キャシャロットの発生からトレンドの転換と判断し、その後の一旦調整のリバウンドを狙い、ショートポジションを取った。結果として目論見通り一時的な調整の高値でポジションを取ることに成功し、下降トレンドに乗って利益を伸ばした。

無計画なトレードは厳禁 明確なプランを立てよう！

ポイントは、相場のトレンドに逆らわず、素直に流れに乗るということですが、だからといって、流れ次第で無計画なトレードをしていいということではありません。

まず、トレード前に自分が納得できる「根拠あるプラン」を建てておくことが必要なのです。

つまり。「チャート上でどのようなシグナルが発生したらエントリーし、どの程度の利益が出たら決済するのか。間違っていた場合の損切りポイントはいくらか」という、取引のプランを作ってから、エントリーしなければなりません。

当然のことながら、利益と損失のバランスは「損小利大」になるようにプランニングすることが大切です。

※鰯（短期戦）が鯨（長期線）を上から下へ突き抜けるのがキャシャロットシグナル。上昇トレンドから下降トレンドへ転換した可能性が高い（69ページ参照）。

STEP3 勝てるトレーダーになるには自分のモノサシが必要!

プランはあくまでもプラン 臨機応変な対応も必要!

トレードプランを立てることは、経験がモノを言うので、最初は難しいかもしれません。

ですが、トレードの経験を積めば積むほど、短時間でしっかりとしたプランを立てられるようになるはずです。

ただし、ここで重要なのはプランはあくまでもプランに過ぎないということです。プランを重視するあまり相場の動きを無視してトレーディングするのは本末転倒です。

例えば、まだ上昇トレンドが続く気配が濃厚だと判断してプランを作成しても、現実の相場が保ち合い※ならその流れを受け止めてプランに沿ったトレーディングは保留すべきです。

相場が自分のプランどおりの動きになれば、当初のプランに基づいてトレーディングすれば良いのです。もし、まったく逆方向に進んだ場合は、改めてその流れに乗る取引プランを作成しましょう。刻一刻と状況の変わる為替相場では、臨機応変に対応することが一番重要なのです。

もし、プランが上手に立てられないときは、トレードしてはなりません。しっかりとしたプランが立てられない状況で、無理にトレードしようとするのは失敗する可能性が非常に高い愚行だと断言します。逆に上手くいく予感がするプランを立てられたときは、成功する可能性も高いと言えるのです。

勝てるトレーダーになりたいのであれば、自分のモノサシでトレード手法を選択し、自分のモノサシで為替相場を見極めていくことができなければなりません。

ところが、ほとんどの場合、「雑誌や解説本で紹介されている手法を取りあえずやってみる」という個人投資家が多いのです。みなさんは、これだけは絶対に真似しないでください。

※抵抗ラインと支持ラインに挟まれた範囲内で、レートが上下動を続ける状態で、ほとんど動かないか小幅な値動きになる。

弱気ダイバージェンスを使った取引プランと実例

ユーロ/円（日足）
成り行き売り
ストップ132.45円
ターゲット130.00円
ストップ131.70円に
下方修正
弱気ダイバージェンス
RSIは高値を
更新できない

高値を更新したにも関わらず、RSIでは高値を更新できない弱気ダイバージェンス※の発生からトレンドの転換と判断。下降トレンドに乗るプランを作成しエントリーした。その後の鰯喰い発生でトレンド転換がより確実になった。

強気ダイバージェンスを使った取引プランと実例

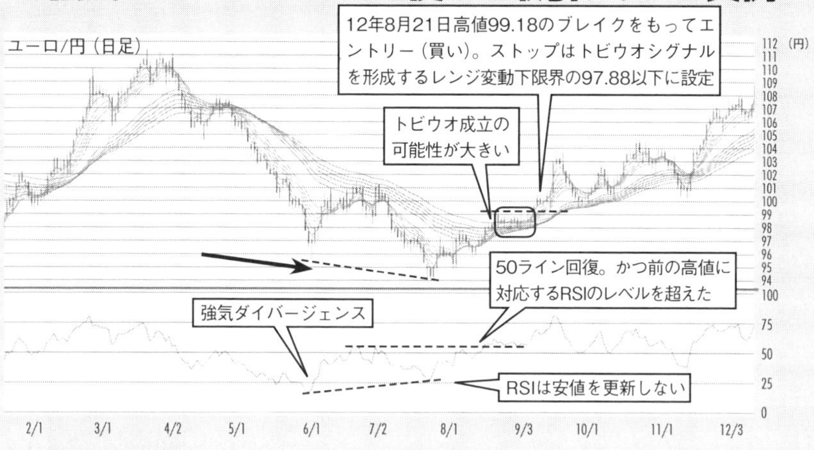

ユーロ/円（日足）
12年8月21日高値99.18のブレイクをもってエントリー（買い）。ストップはトビウオシグナルを形成するレンジ変動下限界の97.88以下に設定
トビウオ成立の
可能性が大きい
50ライン回復。かつ前の高値に
対応するRSIのレベルを超えた
強気ダイバージェンス
RSIは安値を更新しない

安値を更新したにも関わらず、RSIでは安値を更新しない強気ダイバージェンスを確認し、上昇トレンドへの転換を察知し上昇トレンドに乗る取引プランを作成。その後RSIが50ラインを超え、GMMAでトビウオの発生を待ってエントリーした。

※ダイバージェンスは、レートは新値を更新したのにRSIは新値を更新しない状態のこと。高値を更新しない弱気と安値を更新しない強気の２種類ある（詳細は72〜73ページ参照）。

第4章
FXの基本テクニック

チャートは表示する期間の長さによって分足、時間足、日足週足、月足があって
それぞれが分、時間、日、週、月単位の値動きを表してる
へぇ為替相場の値動きってこんなに激しぃんですね
そう世界中のトレーダーが世界全体を何回も買えるようなお金をぐるぐる回しながら取り合ってるんだ

世界中を何回も買えるお金ですか!?
市場で回っているお金はすでに実体の世界経済全体を何回も買えるくらいにふくれあがっているんだ
世界経済どころか……
ウチの家庭の経済が火の車だってーのに……
そんな膨大なお金が世界中のトレーダーの自分が得しようという思惑で刻一刻と動き
またその動きが大きなうねりとなって他の人間の思惑を生んでどんどん変化していく
FXに絶対がないのはこの複雑さ故なんだ

私なんかにできるでしょうか？
大丈夫 大事なのはこのチャートを元にしたテクニカル分析による地味な作業の積み重ねなんだ
チャートをしっかりとチェックしてトレンドをつかみコンセンサスの方向を判断する
相場の流れをきちんと確かめた上でチャート上に現れたサインを目安にして粛々とトレードを続けていけば必ず儲けは出てくる
なんか地味ですね
FXは億万長者なんて夢みるものではなく地味な作業の積み重ねなんだ
しかもそれをたった一人で世界相手にやらなければならない

陳さんは夢見るものじゃないっていうけど何か一人対全世界ってかっこいいじゃないですか
地味でも暗くても全然かまいません
私はお金が必要なんです
いや 戦うといってもしょせんはパソコンの画面を覗き込んでるだけだよ
やっぱり地味で暗いもんさ
そうFXはお金儲けのためにやるんだ
決して自分が楽しむため満足・カタルシスを得るためにやるんじゃない
は…はい!!

世の中には「FXで毎月大儲けした」とかうたっている自称トレーダーや「自分の予想は必ず当たるから言う通りにしてれば大丈夫」なんていう偉い学者の先生なんかがいるが……
へぇ じゃあその人たちの意見を参考にすれば堅実に儲けが伸ばせるって事ですか？
馬耳東風
え？
えっと…
馬の耳に念仏ってことです
ボクは馬ですか？
そう 言葉だけを聞いてその意味がわからなければ馬と同じってことだよ
なむあみだぶっ
？

経営コンサルタントや経済学者の先生を参考にする件ですか？
そうずっと言っている通りFXは弱肉強食の経済の荒野だ
高名なアナリストやお偉い経済学者の先生の言う事なんかしょせん起こった事実を後から分析しているだけ
後追いのロジックなんだ
こうなるってわかってました
先行きの予想でもなんでもないそれで自分の言う事が正しいと主張している
未来の事なんか誰にも分からないのにまるで自分は分かるようなことを言っている
何か起こればその裏をかこうとしている人もまた沢山生まれる
相場の未来は誰にも確実なことは言えないんだ
まるで詐欺ですね…………
まぁそこまで言うつもりないけど
でも内心思ってるよね？
まあまあ

様々な人間が他人や市場のお金を動かしそれが相場に繋がっていく
誰も確実な先行きはわからない
だから経済指標や金利などのファンダメンタルズ要因はFXの取引では直接な根拠にならないのだ
あくまで値動きそのものこそが重要なんだ

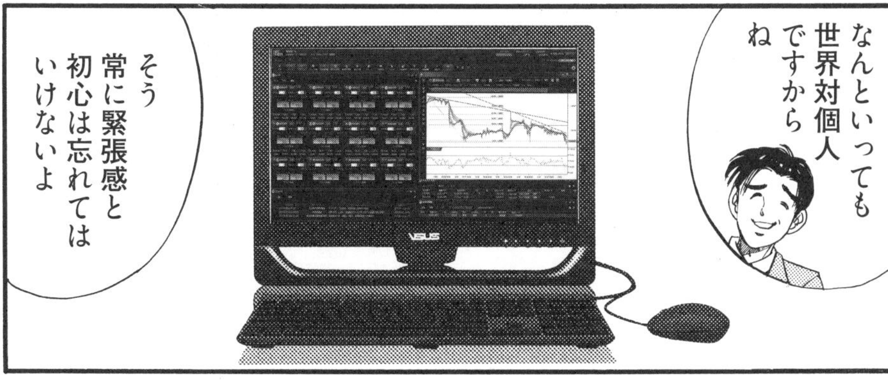
なんといっても世界対個人ですからね
そう常に緊張感と初心は忘れてはいけないよ

恵美のやつ
今日も電話に
出ない……
ご用の方は
発信音の後に
メッセージを…
恵美
あれからずっと
連絡とれないけど
どうしてるんだよ

オレ達のために新しい仕事始めたんだ!
一度話したい連絡くれ!!
メッセージをお預かりしました
……
FXでいっぱい稼いで貯金通帳を見せれば恵美も安心するだろうし
がんばるぞ!!

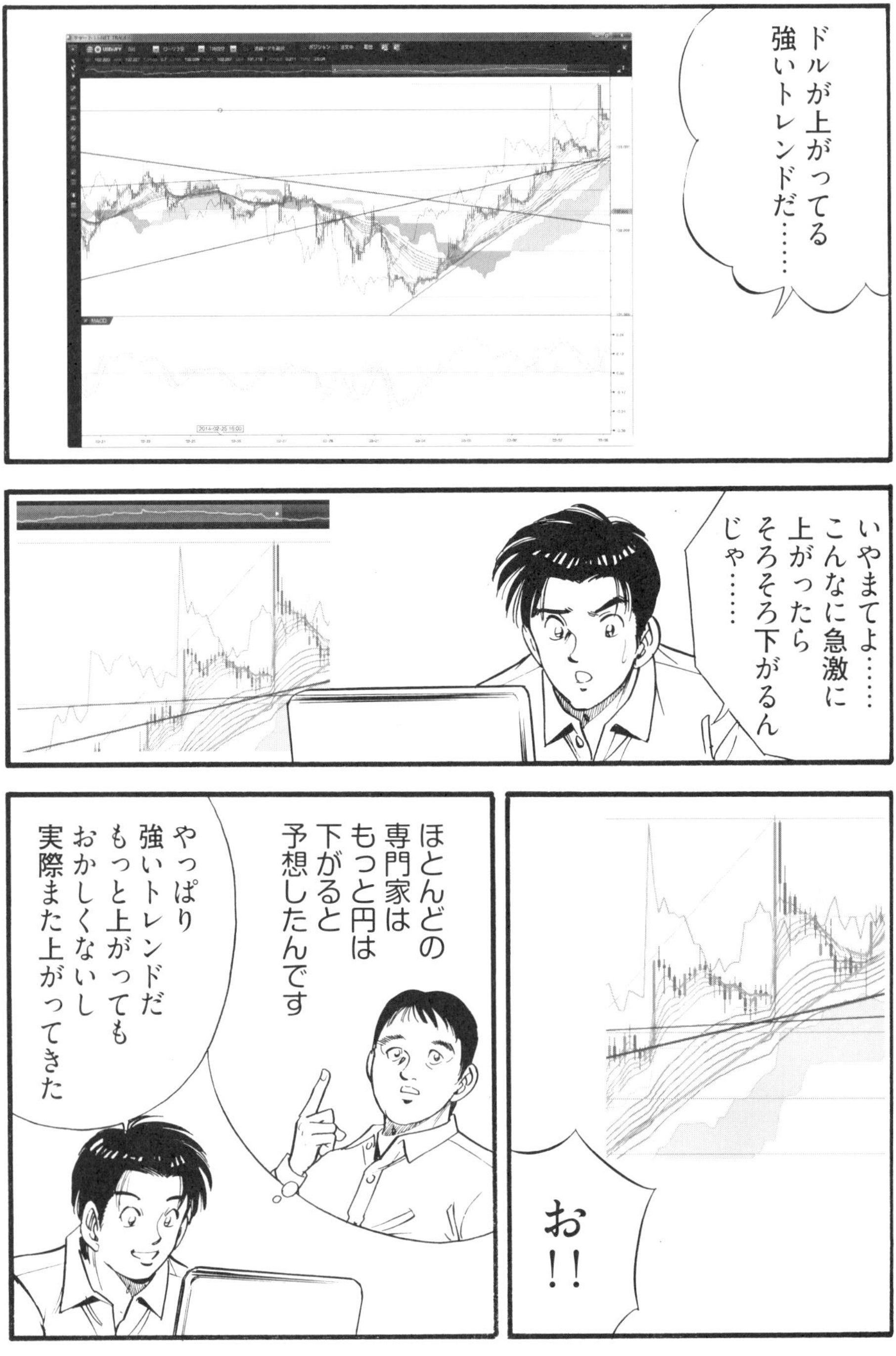

ドルが上がってる強いトレンドだ……
いやまてよ……こんなに急激に上がったらそろそろ下がるんじゃ……
お!!
ほとんどの専門家はもっと円は下がると予想したんです
やっぱり強いトレンドだもっと上がってもおかしくないし実際また上がってきた

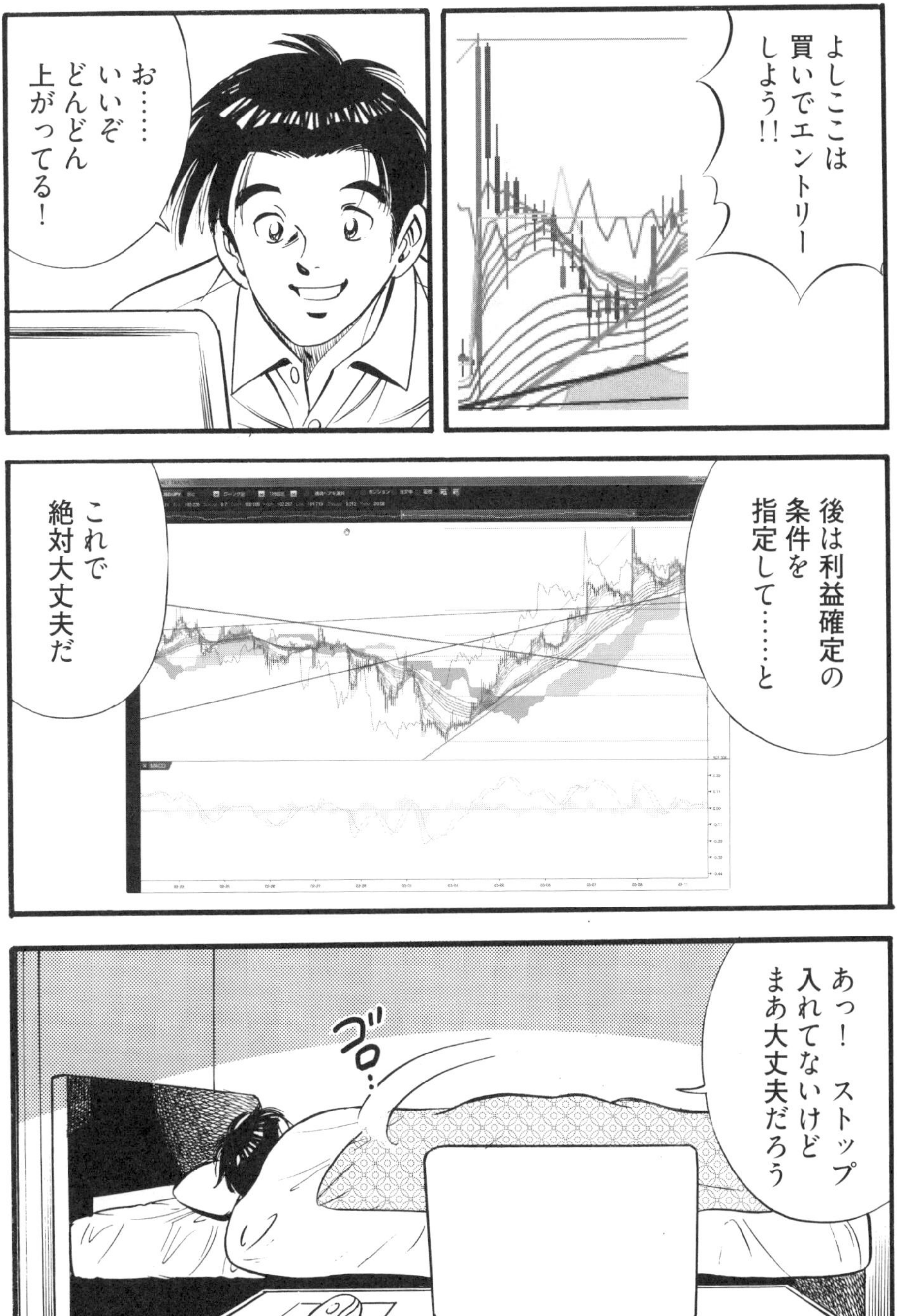
よしここは買いでエントリーしよう!!
お……いいぞどんどん上がってる!
後は利益確定の条件を指定して……と
これで絶対大丈夫だ
あっ! ストップ入れてないけどまあ大丈夫だろう
ゴロ…

このタイミングで
売っても
ダメよね……
っつ!!
ママ
どうしたの？
美晴……

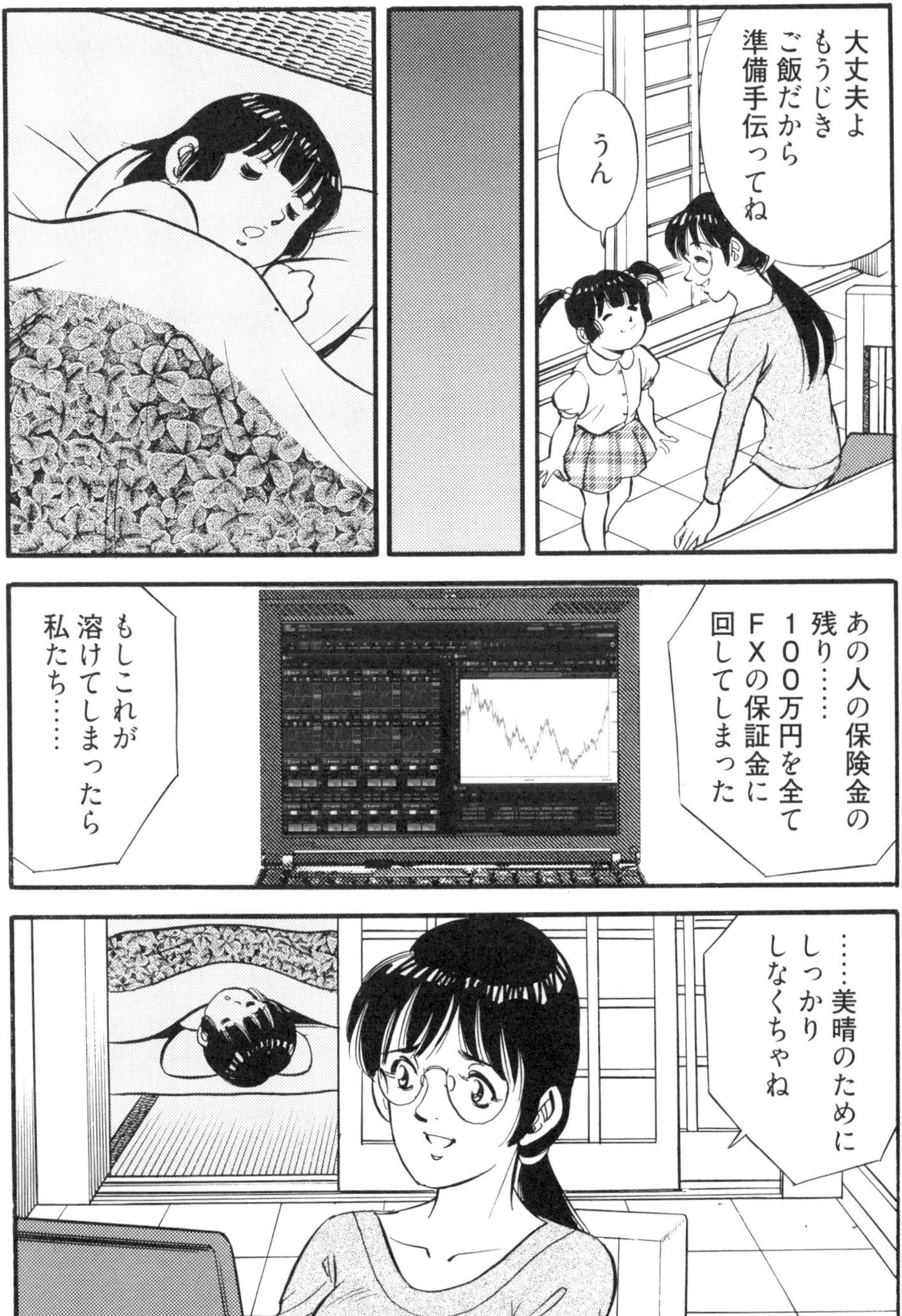
大丈夫よ
もうじき
ご飯だから
準備手伝ってね
うん
あの人の保険金の
残り……
100万円を全て
FXの保証金に
回してしまった
もしこれが
溶けてしまったら
私たち……
……美晴のために
しっかり
しなくちゃね

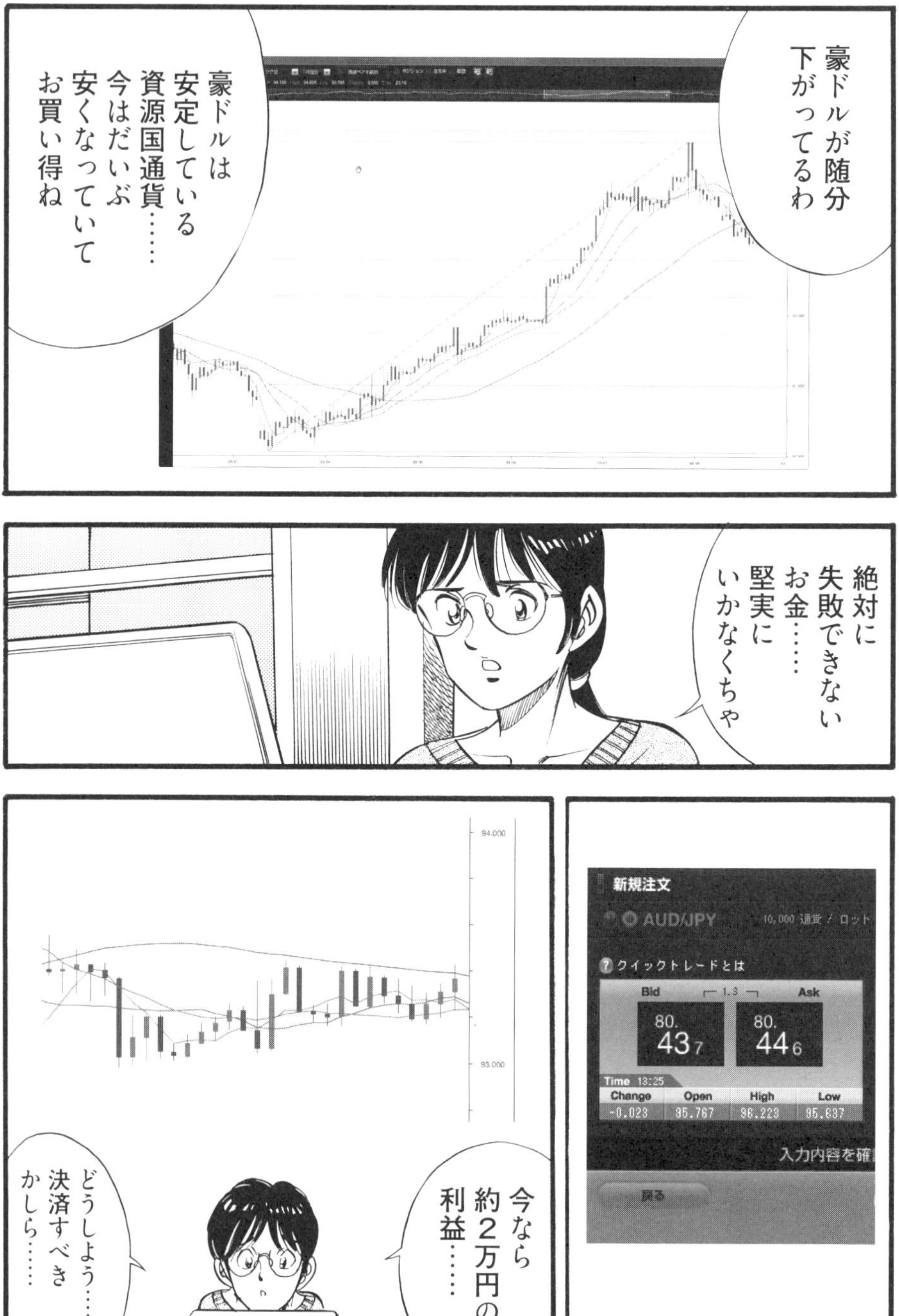
豪ドルが随分下がってるわ
豪ドルは安定している資源国通貨……今はだいぶ安くなっていてお買い得ね
絶対に失敗できないお金……堅実にいかなくちゃ
新規注文
AUD/JPY
10,000 通貨 / ロット
クイックトレードとは
Bid
1.3
Ask
80.437
80.446
Time 13:25
Change
Open
High
Low
-0.023
85.767
86.223
85.837
戻る
94.000
93.000
今なら約2万円の利益……
どうしよう……決済すべきかしら……

でもまだ上がるはずよね……
あ…下がってきちゃった—…
さっき決済しておけば……
上がるはず…ここは買い増しでナンピンね
あ…まだ下がっていく……
ああどうしよう……損がでてる……

さて
実際の取り引きは
どうでした？
それが…
えーと…
ふむ
高くなったら売り
安くなったら
買うという典型的な
逆張りだね
晴香さんも
失敗したのか…
FXは
そんな単純な
ものじゃない
相場の先を完全に
読むことは不可能だ
だからチャートを分析し
トレンドを見極める
必要があるんだ

はぁ〜失敗しちゃった分を早く取り返さないとなぁ
ここはレバレッジを大きくして大きな利益を狙うか…
勝
だ…だめだだめだ!!
陳さんがOKを出したこの設定はいじっちゃだめなんだ!!
それにしても恵美からは今日も連絡なし……
いくらなんでも何考えてんだ
とりあえずメールしておくか
ピッ
ピッ

ただいまっと
ガチャ・
さてと経済ニュースで情報収集だ
中国不動産バブル崩壊でハードランディング必至
中国の景気動向に敏感な豪ドルも暴落する可能性が高い
市場関係者の間では豪ドル安予想が支配的で
豪中銀総裁は口先介入が多く
豪ドル安の傾向は続くと思います
経済評論家
新島直樹

ほぇ～
このアナリストの意見よく当たるんだよな
陣さんはああ言ってたけど
これってかなり大きな波だよな
ここらで少しくらい勝負した方が……
なんとか恵美との結婚資金を貯めないと……
ええーい
レバレッジを上げて大勝負だ!!
実効レバレッジ 22.0 倍 口座
口座資産 793,352

次の日
AUD/USD
Bid
ローソク足　日足
通貨ペア/足種
クイック
注文設定
注文確認　する
H 0.88949
L 0.88366
C -0.00131
(売)Bid 0.88449
利食い幅 -
損切り幅 -
有効期限 -
(買)Ask 0.88457
よしよし あのアナリストの読み通り いい感じだぞ
おーい久保 今日飲みに行かないか？
あ… 今日はちょっと用事があって…… すまん
帰りに恵美の所に行って様子を見てこよう
いくらなんでもこれだけ音信不通だと何かあったんじゃないか？

あ
恵美
……
!!!
な…なな……
まさか……
あいつ……
……

恵美のやつ
オレがちゃんと
結婚の夢を
考えはじめたってー
のに……!!
知るかもう!!
勝手にしろ!!
バッカ
やろう…
ムニャ…
ZZZ

やばい 寝坊した!
急げ急げ 課長に どやされる!!
あーー FXの チェック 忘れてた!!
ダダダダ
仕方ない ここで チェックするか
……
SoftBank 4G
注文
チャート
設定
全サービス可能
AUD/USD
Bid
ローソク足
日足
クイック
注文設定
する
H 0.87949
L 0.87366
C -0.00138
(売)Bid 0.87442
(買)Ask 0.87459
0.89500
0.89000
0.88500
0.88000
O 0.87580 C 0.87442 H 0.87949 L 0.87366
ホーム
チャート
ニュース
口座状況
メニュー

9時間後
え
わわわ……すごく上がってる
ヤバイヤバイ どうしよう… 決済しないと……
あ…あれ 今度は下がり続けてる
あわてて損したな……
これなら利益もこれから増えていくだろうし このまま決済しないでおこう

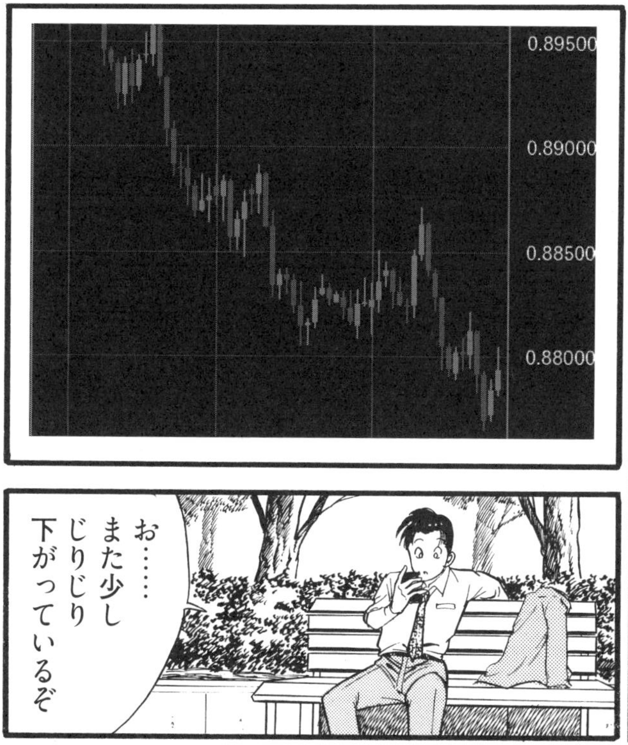

0.89500
0.89000
0.88500
0.88000
お……また少しじりじり下がっているぞ

昨日はたまたまで豪ドル安は更に進むって言ってた先生の言う通りの展開になってるな
陳さんは信じるなって言ってたけど……
よーしもうちょいこのままでもっと下がるのを待って帰宅したら決済しよう

久保くん
今日帰りに一杯
付き合わんか？
日頃がんばって
いるので
ワシがおごって
やるぞ
はぁ…
まぁちょっとくらい
帰りが遅くなっても
大丈夫だろう
これからも期待
しているよ
久保くん
は…はい
今頃もどんどん
下がっていって
るんだろうな
うい〜
よっぱらった
〜〜
さーて
チェック
チェック
カチッ
いくら
儲かってる
かな〜

な…な……
なんだって!?
損失が50万になっている!?
そんなバカな!?
あ……もしもし陳さん大変なんです!!
お金が半分になってしまって…
何があったか話してみなさい
は…はい実は…

……という訳で
もう何がなんだか
…………
久保くん 君は
マージンコールと
ロスカットを
覚えているか
？
あ……
君は
どこかの偉い先生の
言葉に心を動かされて
当初の計画を自分に
都合よく変更し
無理な額のレバレッジを
設定してしまったせいで
ちょっとした市場の動きだけで
マージンコールの報せが
きてしまい
君はそれに気がつかなかった
もしくは無視をした

そのせいで
ロスカットになってしまい
利益が出ていたはずと
自分が思っていた取り引きが
損になってしまった
という訳だ
……
それはその先生の
せいですか？
FX業者の
せいですか？
う…うぅ……
自分のせぃです
そう
自業自得だな
あとは私は何も
言う事はないよ
プチ
……

…………
ピーーー
ニコ…
なんだね？
す…すみません 陳さん…… オレ、プライベートでも色々あって自分を見失ってました
君の事情なんか為替市場には一毛も関係ないんだよ
はい その通りです！ 今回のことで肝に銘じました!!
でも保証金が半分になってしまっているようではもう取り返す事なんかできないだろ

大丈夫です
マージンコールが
きてしまった時のために
僅かに手元に
資金を残していたのと
もうすぐ
ボーナスがでるので
それである程度は
補填できると思います！
後は地道にコツコツと
資金を増やしていって
なんとか元に戻して
そこからまた儲けに
向かって
がんばります!!
「積土成山《ジトゥチエンシャン》」
チリも積もれば
山となる
君の覚悟は
よくわかった
手元に
マージンコール用に
資金を残していた
ところも
その慎重な考え方は
FXに向いているし
何よりも損をすぐに忘れて
新しく対策を立てている
ところがいい
これは
FXの世界では
損切りといって
非常に大切な
ことなんだ
ありがとう
ございます

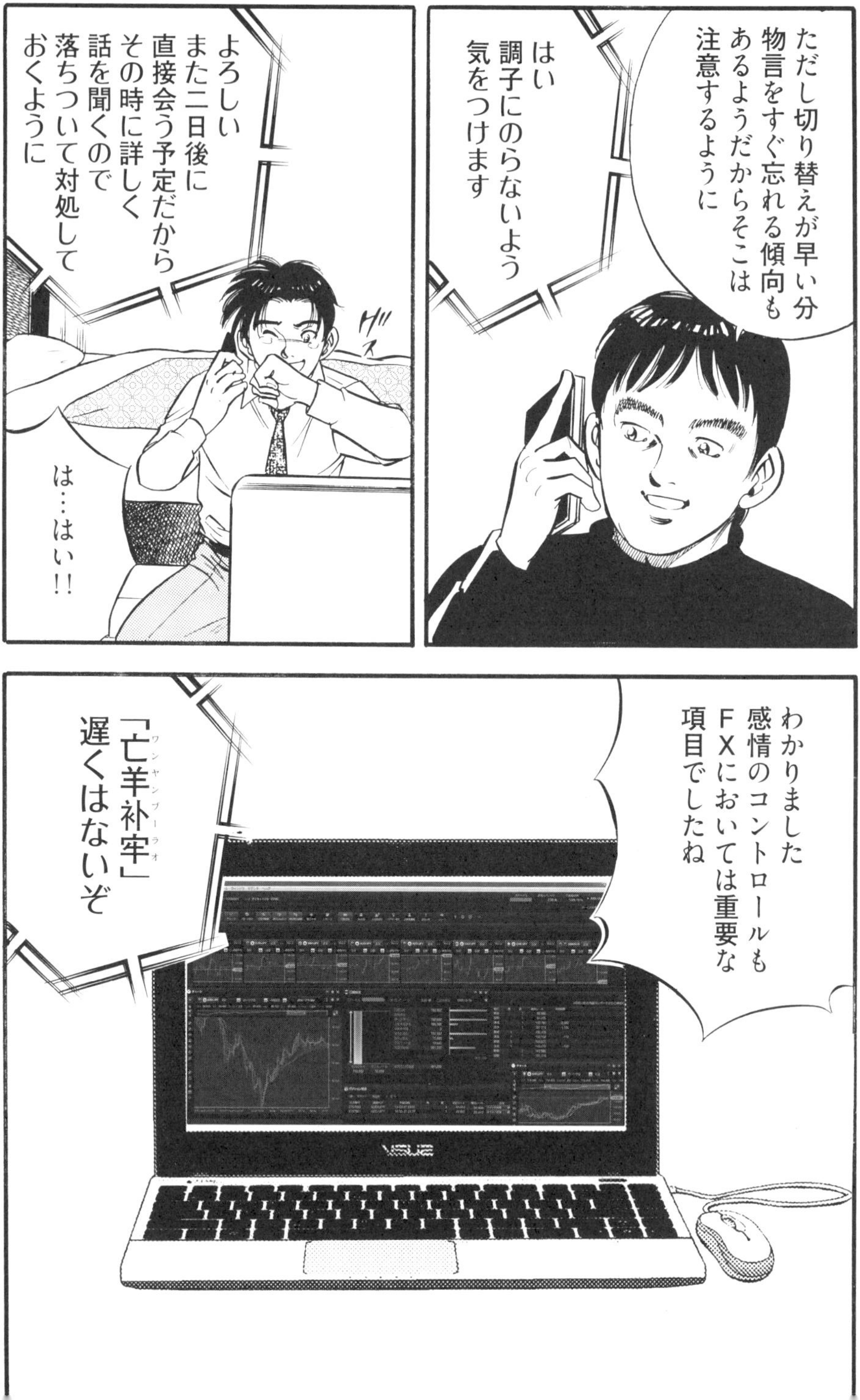

ただし切り替えが早い分
物言をすぐ忘れる傾向も
あるようだからそこは
注意するように
はい
調子にのらないよう
気をつけます
よろしい
また二日後に
直接会う予定だから
その時に詳しく
話を聞くので
落ちついて対処して
おくように
は…はい!!
わかりました
感情のコントロールも
FXにおいては重要な
項目でしたね
「亡羊补牢《ワンヤンブーラオ》」
遅くはないぞ

解説④

勝てるトレーダーになれる！

テクニカル分析を使った簡単な相場判別法

解説４では、トレーディングの実践で成果をあげるために必要な「シンプルでわかりやすいトレードの方法論」を、陳氏が徹底解説。実際のチャートを使って、具体的な相場の分析とトレードについて学んでいこう！

STEP1

マネー・マネジメントこそ最も大切にすべきはポイント

資金管理なくしてFXでの勝利なし

相場の世界では元本をすべて失ったら退場するしかありません。ですから、一番大切なのは、マネー・マネジメント、つまり資金管理と言えます。

ところが、私が長年FXに関わってきた経験から言わせて貰えば、個人投資家のほとんどが、例えば「1回の取引で許容できる損失は元本の2%まで」というマネー・マネジメントの基本を知らないか、知識として持っていても守れません。

しかし、テクニカル分析やトレードのテクニックの知識を身につけても、マネー・マネジメントをきちんとできなければ、損失が拡大し遅かれ早かれ相場から退場することになるのです。

実はプロと呼ばれる人たちは、厳しいマネー・マネジメントのルールが課せられています。それを守らなければ解雇になるため、絶対にこのルールを破りません。為替相場に精通し、常に相場を見、様々な分析を行っているプロ中のプロがです。

それほどマネー・マネジメントには神経を使うべきなのですが、大切な自分のお金を運用している個人投資家がこれを守らないというのは、なんとも皮肉なことではないでしょうか。

ですので、テクニカル分析の具体的な手法をマスターするよりも前に、まずはマネー・マネジメントを修得する方がずっと大切なのです。

生き残ることが先決！儲けるのはそれからだ

FX初心者は、まず生き残ることに全力を尽くしましょう。生き残るとは資金をすべて失わないということです。

アメリカの著名な投資家ウォーレン・バフェット※も、「ルール その1：絶対に損をするな。ルール その2：絶対にルール1を忘れるな。」と言っ

※ウォーレン・バフェットは、長期にわたって高い運用成績を残している世界一の投資家。世界最大の投資持株会社であるバークシャー・ハサウェイのCEOを務めている。

ているほど、損をしないということはとても大切なことなのです。

なぜなら、損失を出してしまうと、失った資金を取り戻すためには、失った割合以上の収益率※が必要になるからです。

例えば、100万円の資金で取引を始め、20万円（＝20％）の損失を出したしまったとしましょう。その時点で手元の資金は80万円になり、これを100万円に戻すには、プラス20万円（＝25％）の収益を上げなければなりません。

つまり、容易に挽回できない損失を出してしまった時点で、ほぼ負けが確定してしまうのです。

破産確率

失った資金（%）	元に戻すのに必要なリターン
10%	11.1%
20%	25.0%
25%	33.0%
30%	42.9%
35%	53.8%
40%	66.7%
45%	81.8%
50%	100%

1回の取引損失額は2%～5%に抑える

為替相場はプロでも連敗しかねない厳しい世界です。ですから、前述したように1回のトレーディングで許容する損失は資金の2％程度にとどめるのが基本。最大でも5％にしましょう。

例えば、100万円の資金で始める場合、最初のトレードで許容できるのは2万円の損失までとなります。もし2万円の損失が出た場合、98万円に資金が減るので、次のトレードでは1万9600円が許容範囲です。

このように、損失を重ねると許容できる損失はどんどん小さくなっていきますので、初心者こそできるだけ多くの資金を準備し、レバレッジもできる限り低めにしなければなりません。

※投資元本に対する純利益の割合のこと。100万円が元本で10万円の純利益を上げた場合、収益率は10％となる。

STEP 2

FXはギャンブルではなくビジネスと心得よう！

損切りは負けではなく利益を出すための必要経費

前述したように、トレードでもっとも大切なのは損失を少なくすることです。そのためには、間違ったトレードをした場合、損失が拡大する前に損失を覚悟で決済する「損切り」がとても重要になります。

ところが、初心者ほど損切りが上手にできません。トレードが失敗であること、つまり「自分の負け」を認めることができないのです。

また、損切りすることで、資金、つまり自分のお金が減ってしまうのがイヤなのも原因でしょう。

そのため「もうちょっと我慢すれば上がる〝だろう〟」といった希望的観測にとらわれ、かえって損失を大きくしがちなのです。

そこで、トレードはギャンブルではなくサブビジネスであると頭を切替えましょう。そして、損切りは「ギャンブルの負け」と捉えずに、ビジネスには欠かせない「必要経費」と捉えるようにすれば良いのです。

この頭の切り替えができれば、損切りも躊躇なくできるようになり、トレーダーとしてもステップアップできます。

いわゆる塩漬け※にして、利益がでるまで我慢して持ち続けるといった行動は、資金効率を下げる最悪なやり方と言ってよいでしょう。

人気のない商品を買うナンピンは絶対厳禁！

また、値段が下がったら買い増すことで平均購入単価を下げるナンピンも厳禁です。なぜなら、値段が下がっているということは、人気のない売れない商品だからです。

単純な例えで言えば、仕入れた商品に人気がなく、仕入れ値以下でしか売れない状況です。普通のお店であれ

※保有している通貨が買値より大幅に下落（または売値より大幅に上昇）したため、損失が大きくなるため売れない状態のこと。食品を長期保存できる「塩漬け」から来ている。

ナンピンで失敗するパターン

※ナンピンとは、ある通貨を買ったものの期待に反して値段が下落してしまった場合、下落した値段で同じ通貨を買い増しすること。これにより、買いの平均コストが下がり、その後上昇に転じた場合、早く利益を出すことができる。例えば、１ドル１００円で買ったものの、その後90円まで下がった場合、１ドル買い足せば平均１ドル95円で買ったことになり、その後95円まで戻したとき決済すれば損失はゼロになるが、さらに下がった場合は損失が大きくなる。

ば、売れない商品をさらに仕入れる店主はいません。ところが、相場になるとなぜか抵抗感なくやってしまう人が多いのです。これは恐らく「安く買えるのでお得」というバーゲン感覚によるものでしょう。

しかし、こうした「高いから買わない」「安いから買う」といった日常の感覚はトレードでは役に立たないどころか、弊害しかありません。「落ちるナイフをつかむな」という投資の格言があるように、値下がり中の通貨を買うのは愚の骨頂です。

ですから、売れないものをいつまでも持っていても仕方がないので、早く手放しましょう。反対に、売れるものはできるだけ高く売るのです。

これはビジネスの基本ですが、トレードもまったく同じことで、こうした正しいビジネス感覚を活かせば良いのです。

※相場が予想した方向と逆に動いた場合、更に買い増し（売り増し）して、平均コストを下げる手法。トレンドに逆らう逆張りになるため、失敗する可能性が高い。

テクニカル分析で局面を判断1

上のチャートは「1.2.3の法則」と呼ぶ、上昇トレンドに転じる際の典型的なパターン。1で安値が直前の安値を割り込まず上昇に転じ、2で下降トレンドの抵抗ラインのブレイクし、3でそれ以前の高値更新をすることで、上昇トレンドに転じたことを察知できる。このような「1-2-3」の法則をもって底打ちのパターンを確認できれば、※リバウンドが継続される可能性が高いと言われる。

テクニカル分析で相場の局面を判断

トレーディングはマネー・マネジメントの基本さえ守っていれば、決して難しいものではありません。なぜなら、為替相場が今どんな局面にあるのかをシンプルに捉え、適切な判断をするだけで利益を得られるからです。

前述したように、私は為替相場の局面を5つに分類します。具体的には、

①買うべき局面
②買ったポジションを決済すべき局面
③売るべき局面
④売ったポジションを決済すべき局面
⑤何もせず様子見すべき局面

の5つです。

それぞれの局面は読んで字の如しで、取り立てて説明は必要ないかと思いますが、ひとつだけ補足しておきます。

実は、⑤の様子見すべき局面で取引

※為替レートの急激な下落に対し、行き過ぎた動きを是正するような反発、上昇へ向かう値動きのこと。絶好の買いタイミングとなる。

■テクニカル分析で局面を判断2

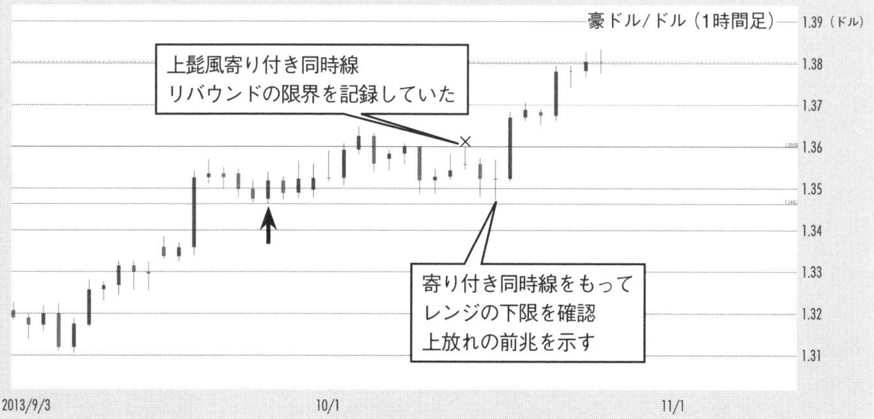

「寄り付き同時線」とは、始値と終値が一緒だった場合のローソク足のこと。見た目が十字になるため「十字線」とも呼ぶ。始値と終値が同じということは、買いたい人、売りたい人のバランスがとれている状態であり、上昇時に出れば「売りたい人の増加」、下降時に出れば「買いたい人の増加」を意味する。つまりロングとショートのバランスの偏りが戻ったと考えられ、トレンドの転換時に出現しやすい形とされる。

をしてしまうのが、勝てない投資家に多い傾向なのです。様子見すべき局面とは、言い換えれば相場がどっちに転ぶかわからない状態です。こんなときに取引をすれば、上がるか下がるかの2択、丁半博打※と同じことです。そして、往々にして避けられたはずの損失を被って資金を減らしてしまいます。

また、前述したように、ポジションを決裁すべき局面と新規エントリーすべき局面は違います。ところが、初心者は常に取引したい気持ちが邪魔をして、この違いが見えなくなってしまい失敗します。

相場には「休むも相場」という格言があり、チャンスがない場合は休んだ方が良いことは忘れないで下さい。

テクニカル分析で局面を判断し、適した行動を取る。たったこれだけのことで、トレードの成果は大きく変わってくるのです。

※ふたつのサイコロの合計が「丁（偶数）」「半（奇数）」になるかに賭ける博打の一種。当たる確率は常に2分の1。「一か八かの勝負」は丁と半の上の文字からきている。

STEP3

トレーディングに必要な5つのツールを使いこなそう

プロはシンプルに考え素人は複雑に分析する

「シンプルに局面を判断しトレーディングする」という手法は、実は多くのプロが実践しているものです。

対して、個人投資家は複雑で高度な知識を身に付け、ファンダメンタルズ分析なども駆使しながらアナリスト※的に分析したがります。

どちらが利益を上げているかは言うまでもなく、どちらのメソッドが正しいかもおのずと分かります。

さて、プロが実践しているシンプルなトレーディングは、

1・誰でも実践でき、継続できる手法を使うこと
2・わかりやすく、リスクが限定されたアプローチであること
3・利益を着実に積み重ねて、最終的に大きなリターンを達成できる手法であること

以上3つを目標としています。

それでは、これを達成するために、どんな手法を使っているのでしょうか。それは、これまで何度も言ってきたようにファンダメンタルズ分析ではなくテクニカル分析です。

ただし、テクニカル分析は相場の局面を的確に判断するためのツールであって、それ以上でもそれ以下でもありません。

ですから、様々なテクニカル分析の方法がありますが、何種類ものテクニカル分析を使う必要はないと、私は断言します。

本当に使える知識を身に付けるために

私のトレーダーとしての経験上、

1・トレンド系指標（移動平均線・GMMA）
2・トレンドライン
3・フォーメーション
4・オシレーター系指標（RSI・M

※アナリストは、金融分野に関する高度な知識と経験を駆使して、市場を調査、分析するプロ中のプロ。個人投資家がそれを目指すのは大きな間違いだ。

■シンプルなトレーディングの例

抵抗ラインをブレイクすると、そのラインが今度は支持ラインとして機能しやすく、逆に支持ラインをブレイクすると、そのラインが抵抗ラインになりやすい特徴がある。たったこれだけの知識でも、トレンドラインに合わせてストップとターゲットを設定できるので、トレーディングをする際には大きな武器となる。このようにテクニカル分析によるシンプルなトレーディングをプロは好むのだ。

ＡＣＤ）

5・変動率※

の5つのツールを使いこなせば、他には何もいりません。

よく、「このシグナルが出たら、ここで買って、このシグナルで売る」といった解説を目にします。このような解説は正しいことは正しいのですが、実践で使える身についた知識にはなりません。

自分のお金を使って、失敗して痛い目を見ながら学んでいくしかないのです。ですが、誰も損はしたくないと思いますので、本書で基本を学んでください。そして、できればいきなりトレードを始めるのではなく、デモ口座などを活用して練習をしましょう。

それでも、やはり自分のお金を失う本物の痛みがないのですが、いきなりトレードを始めるよりは、ずっと良い結果が得られるはずです。

※ボラティリティとも言い、価格の変動率のこと。簡単に言えば値動きの幅。基準点からの変動幅を基準点時点の価格で割ることで算出される。

フォーメーションとダイバージェンス

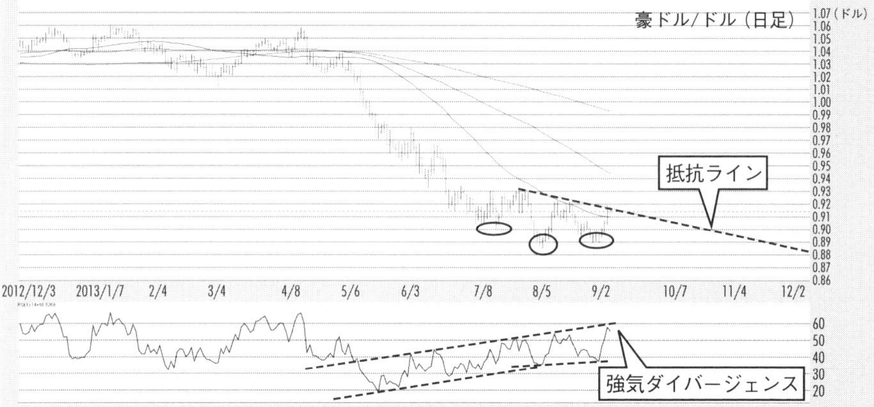

「逆三尊型」フォーメーション形成からの上放れがチャートから判断でき、さらにRSIで発生した強気ダイバージェンス※もこれを示唆しているパターン。エントリーも、逆三尊型のネックライン（抵抗ライン）をブレイクするタイミングにすれば良い。このように、複数のシグナルをチェックするだけというシンプルな方法で、より確信の持てるトレーディングが行えるようになる。

リスクとリターンのバランスを考える

損失は少なくというのがトレードの基本ですが、同時に利益を大きく伸ばすことも必要です。これを「損小利大」と言い、トレードの鉄則と言って良いでしょう。

そのためには、自分が許容できるリスクと期待できるリターンのバランスについて、考えなければなりません。

もちろん、ローリスク・ハイリターンが理想ですが、世の中それほど甘くはありませんので、「1のリスク」に対して「2のリターン」というバランスが理想だと私は考えます。

ところが、ほとんどの初心者が正反対の割合でトレードしています。利益はさっさと確定する一方、損失は耐え続けて大きくふくらませてしまうのです。これでは、仮に勝率7割を達成し

※レートが高値を更新していないにも関わらず、RSIが高値を更新するのが強気ダイバージェンス。下降トレンドから上昇トレンドへの転換時に発生しやすい（72ページ参照）。

■ GMMAのシグナルとダイバージェンス（シナリオに基づく取引実例）

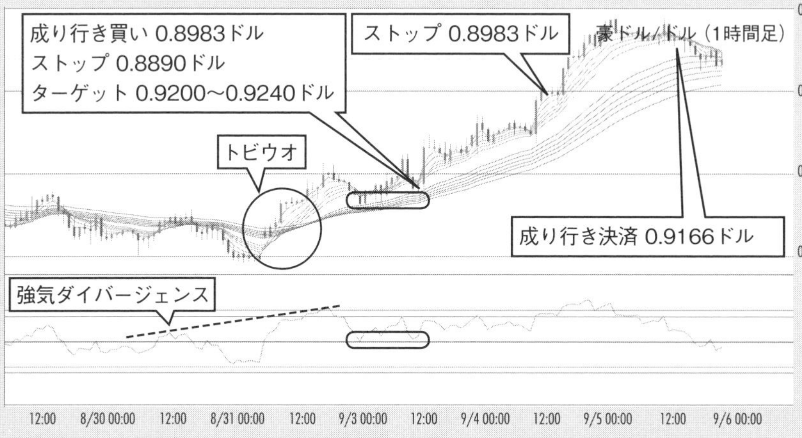

GMMAで「トビウオ」※が発生し上昇トレンドへの転換を示唆。その後、「鰯喰い」が発生したタイミングで、RSIにも強気ダイバージェンスのシグナルが発生。これにより、上昇トレンドの転換が濃厚となり、エントリーを決断できた。目論見通り上昇トレンドが続き、途中でストップを上方修正したことで利益が確定。鰯の間隔が狭まったタイミングでトレンド転換と判定し、決済することができた。

てもトータルではマイナスになってしまいます。

そして、勝率7割など初心者には不可能ですから、膨大な損失を抱えることになるわけです。

しかし、私が提唱するリスクとリターンの割合を1対2になるように取引すれば、勝率4割以上でトータル収支はプラスになります。

実際のトレードでは、リスクを限定するために必ず「ストップ」を指定し、リターンは「ターゲット」で表します。

上のチャートはいずれもトレードの成功例ですが、損失となるストップよりも、見込めるリターンの方が大きくなっている状況でエントリーしていることが分かるでしょう。

このように、期待値の大きい取引のみを狙うのがトレーディングの基本です。もし、少しでも迷った場合は、取引を見送りましょう。

※鰯（短期線）が鯨（長期線）を下から上に突き抜けるのが「トビウオ」。下降トレンドから上昇トレンドへの転換を示唆するGMMAの重要シグナルだ（68ページ参照）。

ダブルトップからの下放れ（シナリオ）

上昇トレンドが続くなか、高値更新後に大幅反落して安値で終わり、その後下落に転じた。これによりダブルトップの形成となり、ネックライン（支持ライン）を割り込んだところでエントリーの好機と判断できる。

キャシャロットと下降トレンド転換（シナリオに基づく取引実例）

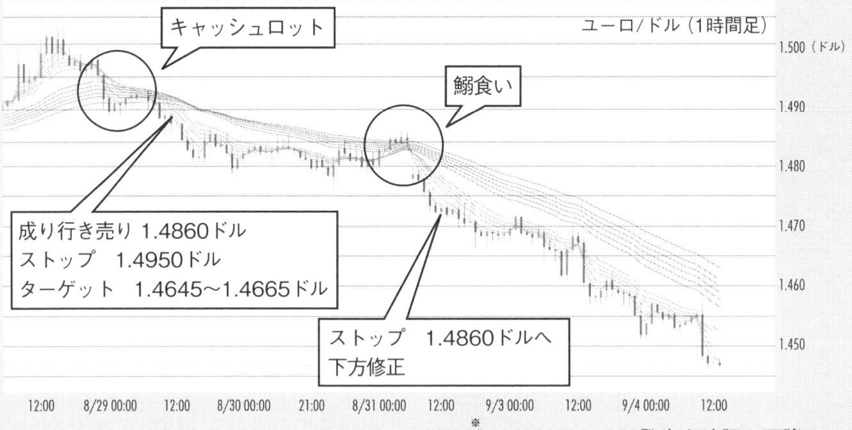

GMMAチャートで※キャシャロットの発生を確認、下降トレンドへ転換したと判断して、売りポジションでエントリー。トビウオになりかけるも反転する鰯食いが発生し、下降トレンドの継続を確信できた。

※鰯（短期線）が鯨（長期線）を上から下に突き抜けるのが「キャシャロット」上昇トレンドから下降トレンドへの転換を示唆するGMMAの重要シグナルだ（69ページ参照）。

相場のリズムによる判断(シナリオ)

高値Aと安値Bのトレンドラインを引くことで、Cをターゲットに決定。また、相場の変動リズムからCを高値と予想することができ、その後反落することも予想できた。合わせて※エリオット波動論で検証することで予想を強化。

キャシャロットから打診の動き(シナリオに基づく取引実例)

GMMAチャートでキャシャロット発生後、鰯が鯨に接触する打診があり失敗して離れていく鰯喰いパターンが発生。下降トレンドでは絶好の戻り売りのチャンスとなる動きで、そこも見逃さず売りでエントリーできた。

※R.N.エリオットが確率した、相場にはサイクルがあり、値動きには一定のリズムがあるという考え方。この理論では相場には「上昇5波・下降3波」という波動が存在する。

STEP4 勝てるトレーダーになれる！

テクニカル分析を使った簡単な相場予想法

「テクニカル分析でシンプルなトレード」が、トレーディングで最も成果を出せる方法だと私は考えています。

私自身、朝起きたら最初にするのはニュースのチェックではなく、チャートのチェックです。

なぜなら、最初にニュースを見てしまうと、その情報が頭に残りチャートを見る目にフィルターがかかってしまう恐れがあるからです。

こうすることで、予備知識のない状態でチャートを見つめ、前述した5つのツールを使って局面を判断し、それに合わせたシンプルなトレードができます。是非、みなさんもニュースの前にチャートをチェックする習慣を身につけてください。

さて、シンプルなトレードには、いくつか約束ごとがあります。まず、GMMAチャート上に「鰯食い」や「トビウオ」「キャッシュロット」といった明確なシグナルが出現した場合のみトレードをするということです。

そして、オシレーター系※の指標に表れる、トレンド転換を示唆する、「ダイバージェンス」「リバーサル」（72ページ参照）に注目することで、GMMAチャート上のトレンド転換シグナルを補完します。

さらに、局面とタイミングの判断の精度を上げるためにトレンドラインとフォーメーションも活用します。

これらの要素で局面を判断しトレードのタイミングを測ったら、「トレーディングプラン」を策定しましょう。

仕掛けるタイミングはもちろんのこと、「いくらになったら利益確定」「いくらになったらロスカット」といったように、明確にトレードのプランを練っておくことで、私が推奨するリスク1：リターン2の割合にコントロールすることができるのです。

※オシレーター系の指標で使うのはRSIかMACD。通常、相場の強弱を判定するために使うが、陳流ではトレンド系の指標を補完するために使う（70ページ参照）。

■ 上昇ペナント発生時のプラン1

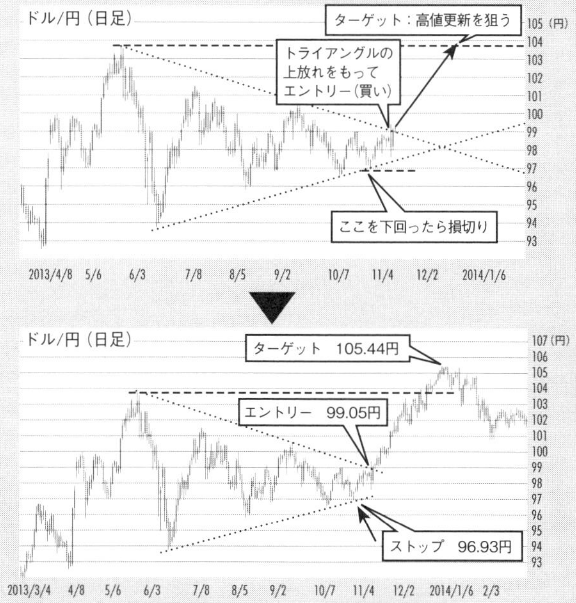

高値の※切り下がりと安値の切り上がりのあと、上昇する「上昇フラッグ」のフォーメーション。抵抗ラインのブレイクを上放れのサインと判断し、99.05円で買いエントリー。ターゲットは上昇フラッグ開始時点の高値更新、ストップは直前の安値だった96.93円に設定。その後、目論見通り高値を更新したため105.44円で決済し利益が確定した。

■ 上昇ペナント発生時のプラン2

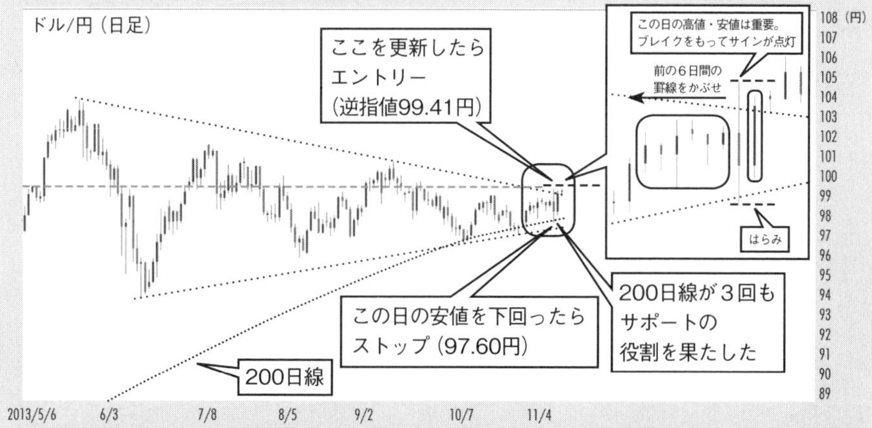

上カコミと同じチャートだが、フォーメーションにトレンドラインと200日移動平均線も加えて判定した取引プラン。200日線がサポートの役割を果たしていることに注目してストップを97.60円に設定し、エントリーをトレンドラインの99.41円に逆指値で指定。

※レートが、前回の高値を上回れないまま下降に転じて前回の安値を下回り、そこから上昇に転じても同じ動きを繰り返すこと。この正反対の動きは「切り上がり」と呼ぶ。

※フィボナッチ数列を使った取引プラン

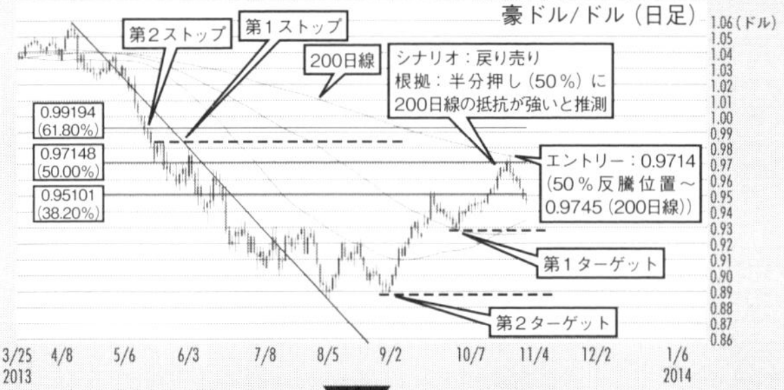

下降トレンドの最中に発生した「戻り売り」のタイミングと判断できるパターン。下落幅の半分まで戻したところで200日線が抵抗ラインになると判断。0.9714ドルで売りエントリーを仕掛けた。ターゲットは直前の安値とその前の最安値更新の2段階で設定。目論見通り下降トレンドは継続しており最安値を更新することになった。

リバーサルハイによる反転の判断

上のカコミで戻り売りと判断した部分を、より細かく分析。ローソク足が最安値から上昇し最高値を更新したものの終値が前日安値を更新するリバーサルハイを確認。上昇トレンドの終わりを示すトップアウトサインと判断でき、売りエントリーのシグナルとなった。

※イタリアの数学者レオナルド・フィボナッチが発明した数列。これを比率化したものを黄金比率と言い、均衡や安定を招く数字として、為替相場の予想にも使われている。

第5章

FXの心構え

久保おにーちゃん
きたーー
こんにちは
ーー♪
おーー
美晴ちゃん
元気いっぱい
だね
うん
久保さん
大変だった
みたいですね
ははは……
いやま、
なんとも

FXでは必ず誰もが負けを味わう事があるが久保くんの場合は強烈だったね
い…いやもう反省しまくってますから……
では晴香さんの方の損益はどうでしたか？
はい 2週間で12万の利益になりました
それはすごい!! 私でもせいいっぱいの高利回りですよ
FXはあらゆる意味で島本さんに向いているのかもしれませんね
本当ですか
いや本当のことはまだわからない 戦いは止めない限り常に途中なんだ
今 利益が出ていたとしてもそれが確定するまでまだ勝ちではないし
今日勝っていても明日はもっと大きく負けるかもしれない

その逆もありますしね
そうじゃなかったら久保くんは負け犬確定だからね
負け犬はひどいなオレはFX界の一匹狼ですよ
FX界ではみんな一匹狼だよだが君は今のところ一匹ねずみくらいだけどね
ひどいな陳さん
ねずみー
二人ともこの一ヵ月期間でほぼFXについては理解したようだね
定期でFXを教えるのは今日まででであとは随時連絡を取り合おう
ありがとうございます!!

もう君たち二人は私にとってはライバルだ共にがんばろう
はい!!
島本さんすごいですね
そんなマグレですよ
いや そんな簡単じゃないことはボクがよく分かってますよ
島本さんはきっとボクの何倍も真剣にFXと自分の人生に向きあっているんだ
久保さん…あ…あの……
………

たまに電話でご相談とかしていいですか？
え……
あ…いや すみません
島本さんは色々お忙しいですもんね 何でもないです
い…いえ……私も今久保さんに同じ事を言おうかと思っていて
えーー 偶然だ
ふふふ 陳さんはちょっと怖くてハードルが高いから
久保さんなら気楽に相談できるかな……なんて
それってボクはチャライってこと
まあ そこまでは言いませんけど
そ…そんなぁ

1ヵ月後
すごい……
あれから1ヵ月で12万が20万にもなったわ……
これで美晴の小学校の入学準備ができるし新しい服も買ってあげられるわ
こんな簡単に20万ものお金が……
元はなかったお金……
評価損益 211,075

この20万は少し
リスクの高い
取り引きに
賭けてみても
がんばれば
取り戻せる金額……
この20万でハイリスク
ハイリターンの
取り引きを
狙ってみよう
上手くいけば美晴に
だけじゃなくて
自分にだって
新しい洋服が買えるかも
しれない……
そうよ……
絶対大丈夫………

黒田総裁は「躊躇なく異次元緩和を続ける」と言い続けてる…
市場は第2次緩和を見込んでいるからドルが上がりやすく円安は継続ね
外国為替市場
1ドル　104円12～35銭
↑50銭
これかなり大きなトレンド……乗らない手はないわ
10万単位でやってみよう
え……もう1万の損失……
どうしよう……大勝負し過ぎだったかも……
で…でも強いトレンドだから絶対下がりはじめるはず……

やっぱり円安の動きは大きなトレンドになってる……
やってることは間違いないんだ
よし ドルを買って勝負ね
今決済すれば2万の利益が確定……
ここは決済してしまおう
ああ…どんどん円安になっていく…… さっき決済しなければ昨日の負けも取り戻せたのに……
もう一度買いでエントリーすればいいんだわ

いい調子で上がってるわ
今度は慌てないで大きな利益を狙わなきゃ
……
あれ？下がり始めたけど……これはきっとダマシの動きね
昨日は慌てて失敗したけど今日はがまん……
…………
まだ下がるのかしら……もう損失になっちゃった
……
ダメダメ損切りしなくちゃまた何万円も損失になっちゃう
カチッ
※それなら今度難平買いで…

※買ったあと価格が下落した際、買い増しすることで平均取得価格を下げ、損失を回復しようとすること。逆に売りのあと価格が上昇した際、売り増しすることを難平売りという。

ママ……?
カチャカチャ
カチャカチャ
いけない……
どんどん値段が
上がっていくわ
なんで裏目裏目になるのよ!!
また損切りしないとダメじゃない…
ママ
どうしたの?
なんでもないの
お願いだから
大人しく寝ていて
ママ 忙しいの……

ママ
大丈夫……？
大丈夫だから
静かにして!!
あ……
ご…ごめんね
美晴
本当にもう
大丈夫よ
ママ
一緒に寝たい
ごめんごめん
そうだね
今日は一緒に
寝ようね

いけない
日頃のつかれで
ぐっすり
寝てしまったわ
寝る前に逆指値
注文の設定を
したまま
だったけど……
どのくらいの
金額に
なったかしら
？
!?
評価損益
18,900

ど…どうしよう……
今までの
プラスの分が
ほとんど溶けている
そ…そんな……
な…なんとか
しないと……

せめて10万…
元の分だけでも
取り返さないと……
ピンポーン!!
あ
誰か来た
待ちなさい
ママがでるわ
どちら様
ですか?
どうも
久保です
夜分に
すみません
まぁ久保さん
どうし……
お誕生日
おめでとう
ございます!!

ええ!!
どうして私の誕生日を……!?
すみません
フェイスブックで偶然島本さんを見つけてしまって……
ママ
お誕生日?
プロフィールを見て今日が誕生日と知ってお祝いしようと思って……
美晴ちゃん
ピザ買ってきたよ
久保さん……
本当にありがとうございます
ローソクの数はまてきとうでいいですか?
おたんじょうび おめでとう
フフフ……そうですね

あママ
やっと笑った
ーー
へぇ美晴ちゃん
ママどうしたの？
なんかね昨日から
パソコンとずっと
にらめっこして
笑わないの
島本さん
FXで何か
あったんですね？
え…ええ
実は……
という訳で
なんとか損をした分を
取り返さないと……
おたんじょうび おめでとう
島本さん
え…？

失ったお金にとらわれていてはダメだ
損切りをうまく出来ないとFXで勝ち目ないですよ
!!
まず島本さんは自分のフォームを崩してリスクの高い取り引きをしてしまったのが間違いですよ
その上元金はキープしてあるのに減ったお金の分をまたリスクの高い取り引きで埋めようとしている

このままだと損が膨らんで
より高い金額を
よりリスクの
高い取り引きに
つぎこんでしまうように
なってしまいますよ
そうなったら
島本さんの
フォームは
ズタズタですよ
元金を割り込む日も
そう遠くない
………
ママ……
目を覚まして
ください!!
島本さん!!

ごめんなさい……
私…自分を
見失っていたわ
そうね…
FXはクールに淡々と
当たり前の事を
積み重ねることが
肝要だったわね
今までですっかり
忘れていたわ
ニコッ
それにしても久保さん
すごい的確な
アドバイスだったわ
いつの間にか
すごくFXの事を
深く理解して
いるのね
い…いや～～
実は今の言葉は全部
ボクが陳さんに
言われた事なんです
ええ!?

でもボクはもっと
すごく陳さんに
怒られました
島本さんが陳さんに
相談してたら大目玉
でしたよ
あら それじゃ
2重にありがとう
ございます
いえいえ
どういたしまして
ははは
ふふふ
ママ
元気になって
よかったーー
ねぇ早く
プレゼント
あけようよー
おお
美晴ちゃん
ママの代わり
開けちゃうか？

わぁー ママとおそろいの セーターだぁ!!
久保さん ありがとう ございます!!
いや～…… 彼女と別れちまったし 給料の使い道に困って ……
えええええ!?

解説⑤

マネーゲームに生き残るために！
知らなければならない相場の本質とトレーダーの心構え

解説５では、予測不可能な為替相場を動かす原理とそれに対するトレーダーとしてのメンタルを、陳氏が説く。ＦＸの世界で生き残るために知らなければならない「基本中の基本」が詰まっているので、何度でも読み返して貰いたい。

STEP1

プロと戦うFXだからこそ事前の準備が重要になる

書道や剣道と同じように為替も稽古が必要！

日本には書道、茶道、剣道などいろいろな「道」がありますが、専門性ということでは「相場道」や「為替道」と呼ばれるものがあってもおかしくないと、私は考えます。

書道や華道は、いわゆる「稽古事」であり、お金を払って習うのが普通です。為替道も本来はそうあるべきなのですが、無料のセミナー※が開催され、無料のパソコン用トレーディングツールがあるなかで、為替道にお金をかける人はほとんどいません。これが大きな問題だと私は思います。

また、茶道や華道、柔道、なんでも良いのですが、習い始めてすぐに個展を開いたり、大会に出場する人はまずいないでしょう。ところが、FXでは、始めた途端に大舞台、つまり相場にデビューする人がほとんどです。

これは、FXが口座さえ開けば始められること、儲かるかもしれないという甘い餌があることが原因でしょう。そして、まったく練習もしないで貴重なお金を使い、その結果ほぼ例外なく全員が損をするのです。

というのも、FXはいきなりプロとの戦いに参加せざるを得ません。例えば、柔道であれば練習をして自信がついたら、まずは市民大会などに出て腕試しをし、徐々にステップアップするでしょう。

ところがFXはいきなりプロと戦わなければならないので、白帯の初心者が、いきなり柔道の世界チャンピオンを決める大会に参加しているようなものなのです。

そして、柔道であれば初心者でもすぐに負けてしまうだけで、失うものはありません。しかし、FXの場合、とても大切な「お金」を失ってしまいます。ですから、本来であれば最初は取引せずに勉強に徹するべきなのです。

※各ＦＸ業者が、無料のセミナーを開催している。初心者向けから中～上級者向けまで様々なコースがあるほか、パソコンで学べるオンラインセミナーもある。

自分の懐が傷まない練習だけでは限界がある

それでは、FXはどんな練習をすれば良いのでしょうか？　ひとつの方法として「デモ口座」を使った方法があります。デモ口座とは※バーチャルマネーを使って、実際の相場を見ながらFXの仮想取引ができるものです。

ただし、これは原則としては正しいのですが、現実とは違いがあります。例えば、オリンピックで金メダルを取った射撃の名手が、実際の戦場に行くと持っている能力を発揮できません。なぜなら、戦場では相手も撃ってくる、つまり自分の命が危険なのでビビってしまうのです。

デモトレードはそれと同じことです。デモ口座は自分のお金を失う痛みがないため、練習に過ぎません。実際の相場で大切なお金を失うリスクを抱えるのとでは、大きな違いがあります。

ですから、初心者のうちは失敗を重ねて、そのダメージから立ち直ることが大切です。その繰り返しでメンタルを鍛え、取引哲学を持てるようになって初めてプロと戦えるようになるのです。それには、最低でも半年はかかるでしょう。

投資は自分の失敗から学ぶしかないものです。投資の手法は人それぞれで、自分が最良だと思っていても、他人には合わない可能性もあります。

ですから、失敗を重ねて改善を繰り返していくことでしか、「自分の投資法」は完成しないということを、肝に銘じてください。

■ FXの取引を体験できる「デモ口座」で練習しよう！

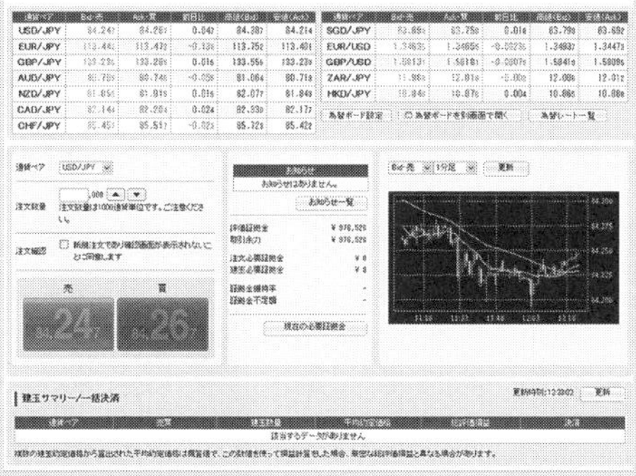

「デモ口座」は、バーチャルマネーを使う仮想取引を体験できるシステムで、各FX業者が用意している。これを活用すれば、取引の流れから細かい注文方法から相場の分析といった実戦的なことまで無料で体験できる。ほとんどの場合、実際の取引画面と同じものが使えるので、業者ごとに異なる取引画面と使い勝手の良さを確認し、自分が使いやすい業者を選ぶためにも使える。

※デモ口座で取り引きに使うのがバーチャルマネー（仮想通貨）だ。業者によって異なるが、支給されるのはだいたい500万〜1000万。また、デモ口座は約1ヵ月が使用期限となる。

STEP2 知らなければならない為替相場の本質

通貨の交換関係で成り立つ為替相場の特殊性

　FXでは、ロング（買い）ポジション、ショート（売り）ポジションと言いますが、正確にはふたつの通貨の交換関係にあるわけですから、通貨ペア※の一方の通貨を買う場合、相対する通貨を売らないと成立しません。

　従って、取引は常に相対的なものとなっており、必ずロングとショートの両方が成立しているのです。

　そして、通貨の交換関係で成り立っていることに加え、値段は通貨同士の相対的な価値でしかありませんから、FXのマーケットでは付加価値をいっさい創造しません。

　株式投資であれば、企業の業績が伸びることによって1株あたりの利益が伸び、その結果1株の価値も上昇します。そして1株の価値が高まれば、その会社の株主全体が利益を受ける可能性があります。また、1株の価値を計算することもできるため、割高か割安かを客観的に算出することもできるのです。

　ところがFXでは、こうしたことは絶対にあり得ません。国の経済が成長しても、それが通貨の価格を押し上げることとイコールではないのです。

　なぜなら、為替は通貨と通貨の交換基準でしかなく、相互の力関係が価格に大きな影響を与えるからです。

　そして、2国間の力関係を明確に分析することは不可能ですし、何度も言ってきたようにファンダメンタルズでは相場の動きは説明できません。ですから為替相場は世界で一番難しいと言われるのです。

為替市場は典型的なゼロサムゲーム！

　FXは株式と異なり、相場参加者が市場に投下したお金を、参加者全員で奪い合っているだけです。例えば、

※通貨ペアは「ドル/円」のように表記され「／」の左側を「基軸通貨」、右側を「決済通貨」と呼ぶ。ある通貨ペアを買う場合、「基軸通貨を決済通貨で買うこと」を意味する。

誰かが儲かれば誰かが損をするのが「ゼロサムゲーム」の本質

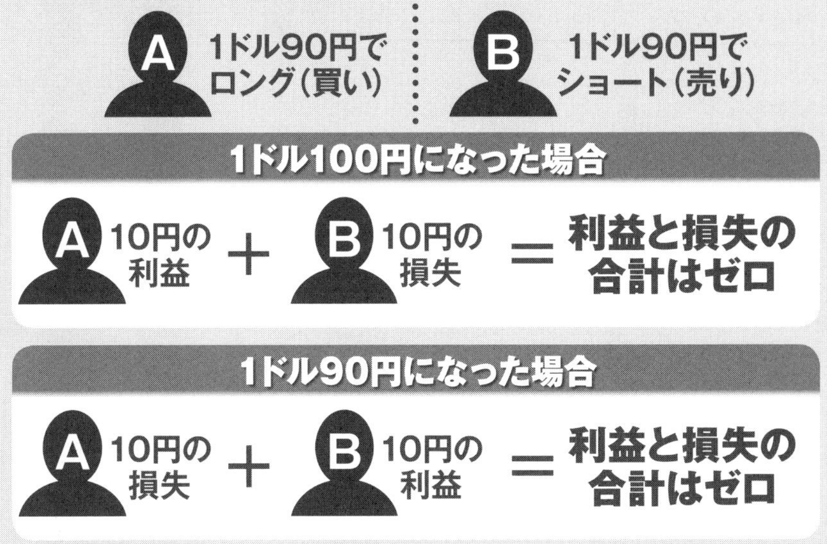
A 1ドル90円でロング（買い）
B 1ドル90円でショート（売り）
1ドル100円になった場合
A 10円の利益
＋
B 10円の損失
＝
利益と損失の合計はゼロ
1ドル90円になった場合
A 10円の損失
＋
B 10円の利益
＝
利益と損失の合計はゼロ

例えば、１ドル90円のとき、投資家Ａがドルのロング（買）ポジションを１ドル分、投資家Ｂがドルのショート（売り）ポジションを１ドル分発注すると、売買が成立。その後、価格が上がっても下がっても、両者の利益と損失は必ずゼロになる。

1億円の利益を得た人がいれば、その陰では1億円の損失を被っている人たちが必ずいるわけです。

これを、ゲーム理論※（戦略的意思決定に関する理論）の用語で「ゼロサムゲーム」と言います。ゼロサムとは「市場におけるすべての利益と損失の総和（サム）がゼロになる」という意味で、こうした関係が成り立っていることをゼロサムゲームと呼びます。

言い換えれば、ゼロサムゲームとは「限られたパイ（＝お金）の奪い合い」なのです。

FXを始めるということは、このパイの奪い合いに参加するということであり、奪い合う相手は相場のプロと呼ばれる人たちです。

損失を抱え退場する側ではなく利益を得て生き残る側になるために、この大前提は、絶対に忘れないようにしてください。

※合理的な意思決定者間の紛争と協力を数学的にとらえる、戦略意思決定に関する理論。現在の経済学の基礎となっており、経営学、政治学など様々な分野に応用されている。

STEP3 相場で失敗しないためのメンタルコントロール

投資は自己責任の本当の意味

当たり前の話ですが、世の中では自分が決断したことはすべて自己責任が大原則です。当然、投資も自分の意志でお金を出し、投資先を選び、売買の判断をするものですから、どんなに損をしても自己責任です。

特にFXは、前述したようにゼロサムゲームですから、限られたパイを投資家同士で奪い合う完全なマネーゲームです。

そこでは、騙し騙されの心理戦が繰り広げられており、もし自分が騙される側になれば、損失を被ることになってしまいます。

例えば、マーケットのコンセンサス※（合意）は、市場に参加している関係者のポジショントークであるとも受け取れます。ポジショントークとは、自分が立てているポジションが有利な方向に相場が動くように仕向ける発言を意図的に行うことです。

こうした事情を知らないで、エコノミストやアナリストの市場分析、つまりポジショントークの色彩が濃いファンダメンタルズ分析を鵜呑みにすると、痛い目を見る可能性があります。

このような心理戦が展開されている為替相場で生き残るには、チャートだけを信じて自分自身の明確な判断で取引しなければなりません。ですから、私はファンダメンタルズ分析に否定的でテクニカル分析を推奨するのです。

FXを始めた目的を見失わないよう注意

読者の皆さんがFXを始めようと思った目的は何でしょうか？　ほぼ全員が「お金儲け」と答えるはずです。ところが、なぜかこの目的を忘れてしまう人が少なくありません。

トレードを重ねていくうちに、トレーディングのスリルや興奮の中毒に

※コンセンサスとは、「大勢の合意」という意味で、金融市場では市場関係者による企業業績や株価、経済指標の予想数値のことを指す。

なったり、自分の相場予想の正しさを知ってもらいたいという感情を抱くようになってしまうのです。

　そして、そうした「刺激」や「高揚」、「人に評価されたい」という欲求の虜になって、本来の「お金を儲ける」という目的を見失ってしまいます。すると、計画的なトレーディングができなくなり、絶対に守らなければならないルールも無視するようになってしまうのです。

　もし、トレーディングが上手く行かなくなった場合、このことを思い出してください。トレードの目的が何なのかを、改めて自分自身に問いなおしてみることで、問題点が浮き彫りになるでしょう。

　トレーディングとは、日常のビジネスと同じで地道な作業をコツコツこなすことでしか結果を出すことはできません。ですから、つまらないトレードこそ勝つトレードなのです。

　トレードで最も重要なカギを握るのは、3つの健全な「M」、つまり、マインド（精神）、メソッド（手法）、マネー（資金）の3つだと私は考えます。ところが、多くの投資家のマインドが「お金儲け」しているという興奮によって健全な状態ではなくなってしまいます。

　しかし、トレーディングでは心を動かしてはなりません。常に感情をフラットにして、淡々とチャートに沿った取引をする必要があるのです。その意味でも、繰り返しになりますが、つまらないトレードこそ勝つトレードと言えるのです。

■ トレードで重要なカギを握る3つの「M」

マインド

ＦＸでは「簡単に儲かる」「一攫千金」といった甘い言葉が囁かれるが、こうした甘言に惑わされることなく、常に冷静沈着な判断を下すことのできる、強い精神力が必要だ。

メソッド

トレード手法の大原則は「※トレンドフォロー」であるということ。この原則さえ守っていれば、どのようなテクニカル指標を使って分析しても、大きな失敗にはつながらない。

マネー

資金管理はあらゆることに優先する。１回の取引における損失の限定は基本中の基本。資金が増えても減っても、心は常に冷静でいられるようにならなければならない。

※相場の動く方向（トレンド）と同じ方向に沿って取引すること。順張りとも言う。上昇トレンドなら「買い」、下降トレンドなら「売り」となる。

STEP4

一攫千金を夢見るのは愚かな妄想だ！

ＦＸの成功者は眉唾ものと考えろ

そもそも、多くの人がＦＸを誤解していると私は思います。少額の資金でも高いレバレッジをかけることでハイリターンを狙えるＦＸなら、一攫千金で人生の一発逆転も夢ではない。このように考えている読者の方はいませんか？

しかし、何度も繰り返してきたようにＦＸはそんなに甘い世界ではありません。相場で待ち構えているのはプロのトレーダーであり、トレーディングは世界で一番難しいビジネスなのです。どんなスポーツでも、いくら腕に自信があったとしてもアマチュアがプロと戦う機会はほとんどありません。しかし、ＦＸは口座を作ればすぐにプロと戦えるのです。素人がプロと戦ったらどうなるかは、想像に難くないでしょう。

ところが、巷には不思議なことに成功した個人トレーダーがたくさんいます。なかには毎月元手を倍にしているという驚くべき人までいるのですが、もしそれが本当なら世界中のファンド※が競ってスカウトに来るでしょう。なぜなら、そんなことが可能なら、10年前後で世界中の富の半分を集めることができるからです。

しかし、現実はそうではありませんし、ゼロサムゲームの性質から理論的に考えても、成功トレーダーがそんなにたくさん居るはずがないことがわかります。つまり、ＦＸでの成功話は眉唾ものだと言ってよいでしょう。

ところが、こうしたあり得ない成功例に釣られて、自分の仕事がうまくいっていない人、生活が苦しい人など今の生活を改善したい人たちが、ＦＸにハマってしまうのです。

誰もが「経済的な自由を手に入れたい」と願うのは当たり前のことでしょう。しかし、ＦＸでハイレバレッジをかけてイチかバチかの勝負をする

※複数の投資家から集めた資金で投資を行い、そのリターンを分配する仕組み、またはその運用をする投資事業組合のこと。

のは、無謀と言う以外にありません。「少ないお金で一攫千金」を狙うのは、愚かな行為なのです。もう一度繰り返しますが、そんな簡単に勝てるほど為替相場の世界は甘くないのです。

必要なのはメンタルとリスクコントロール

永遠に相場に勝つ人はいません。だから、リスクコントロールが大事なのです。私の経験上、しっかりリスクコントロールをすることで、銀行金利よりは稼げます。

まず、大事なのはマネーマネジメントです。ゼロサムゲームで勝者になりたいのであれば、1回の取引で元本に対する損失をしっかり管理すべきでしょう。すでに第4章で述べたように、1回の取引で許容できる損失は2%までです。これは絶対に守ってください。

そして、難しい局面では手を出さないことも重要です。「休むも相場」※という格言があるように、プロはわかりやすい相場だけ取引してほかは休みます。ところが、素人ほどわかりやすい相場についていけません。

しかも、個人投資家のほとんどが取引依存症のような状態になってしまいます。つまり、トレードすること自体が目的になってしまい「取引していい局面かどうか」を冷静に判断できなくなってしまうのです。

パチンコや競馬にハマってしまうのと同じ心理なのですが、これではいくらテクニカルを勉強しても勝てません。

以上のような理由から、私はテクニカルのなかに「メンタル」も含まれると考えています。投機の心理を知らなければ、どんなにテクニカル分析をしたところで、相場で勝つことはできません。

つまり、最終的には「メンタル」と「リスクコントロール」が最も大事になるのです。取引の手法、細かい分析方法は「トレンドフォロー」の原則に則っていれば、実際のところなんでも構いません。とにかく、冷静沈着に淡々とトレードすること。これだけがFXで生き残る方法なのです。

FX“必勝”五箇条

- ! 一攫千金を狙わない
- ! 損失は元本の2%まで
- ! 徹底したマネーマネジメント
- ! 冷静沈着に淡々とトレード
- ! 唯一の正解はトレンドフォロー

※「年中、取り引きを繰り返していても儲かるとは限らない。ときには休んで冷静に相場を見つめるように」という相場の格言。

あとがき

どの世界でもそうですが、自らの失敗から学び、進歩しないと成長できません。しかし、投資、投機の世界ではこの意味あいが特別なものであるがゆえに成長が難しいし、成功者も思いの外少ないのです。

では、FXトレードを勉強することと、語学や着付けなどほかの習いごととどこが違うのでしょうか。大きな違いのひとつは、FXの場合、学習の段階とはいえ、失敗が元本の消失を意味しますから、やっと相場の心がわかるようになった時には、ほとんどの方がすでに大金を失い再起不能な状態に陥っているのです。

言ってみれば、投資という習いごとは「お金でお金を得る」ことを目的としていますから、投資家は欲望と恐怖に左右され、目的を忘れ、冷静さを失いがちで相場の波に飲み込まれがちです。言い換えれば、結果を求めすぎるあまり、プロセスを軽視しがちですから、ろくな結果にならないのも当然の結果ででしょう。

そのうえ、相場は森羅万象で、理外の理と言われています。日常感覚あるいは常識を相場に持ち込んでしまうことも百害あって一利なしです。しかし、初心者がこうしたことを納得できるまでに、時間と精力、あまりにも多くのお金を失うという事実をこの目で見て来ましたから、残念というか、とてももったいないことだと思います。この意味では、どの世界よりも投資、投機の世界における最初の一歩はとっても重要です。ですから、トレーダーの啓蒙と教育の重要性に関する認識は、いくら強調しても大げさではないと思います。

しかし、日本における投資家教育のレベルは驚くほど低いのが現実です。そのため、本来投資家にかなり不利とされる毎月分配型投信が大流行したり、レバレッジを利かせたFX取引が世界一の売買高を誇っています。私が知っている限り、ＦＸにも単純に流行っているからと安易な気持ちで参入してくる方が実に多く、ほとんどが何の勉強や準備もなく世界のトップトレーダーを相手に戦いを挑んでいます。無謀というよりも無知に近い状態からスタートした投資家の多くは、状況をまったく把握せずに相場デビューしたわけですから、その後相場の真実に触れていくと、強い衝撃を受けることになります。トレードの世界は、人間の欲望そのものであるだけに、金銭的な損失と同時に精神的なダメージも大きくなりがちなのです。

私はこうした現状を痛感し、いつかはＦＸ教室を立ち上げ、自分の失敗の経験を伝えることで「初心者の船出を何とか手伝えないか」と考えてきました。本書はこの出発点から企画され、初心者にこそ幻想と射幸心を打ち壊す「ホンモノの入門書」が必要だからです。初心者に相場の本当の姿と相場の波をくぐり抜ける道を正しく伝えることを目的としています。

最後に、みなさんはお金儲けのためにＦＸトレードの勉強を始めたと思いますが、本当に成功を収めたいなら、トレードの結果、つまり金銭的な報酬ではなく、トレード自体を楽しむべきです。なぜなら、絵を描くこと自体を楽しむ一流の画家と同じように、トレードを楽しんでこそ一流のトレーダーと言えるからです。

厳しいことばかりを言ってきましたが、正しくマスターすれば、ＦＸトレードほど経済のみではなく精神の自由につながっていくものはありません。みなさんに是非その自由を味わって頂きたいのです。

２０１４年４月１日　**陳 満咲杜**

[監修]
陳 満咲杜（ちん・まさと）

（株）陳アソシエイツ 代表取締役。1992年に来日し、生活費と学費をアルバイトでまかないながら、大学時代より株式投資を開始。中国情報専門紙の株式担当記者を経て、黎明期のFX業界へ。香港や米国の金融機関で研修を重ね、トレーダーとしての経験を積む。GCAエフエックスバンク マネージングディレクター、イーストヒルジャパン（現東岳証券）チーフアナリストを経て独立。日本、中国、台湾地域をカバーした執筆、講演、情報サービス、投資家教育などの活動に取り組んでいる。日本テクニカルアナリスト協会検定会員。
著書に「ＦＸ最強チャート GMMAの真実」「基本にして最強 GMMA+RSI 二刀流ＦＸ」（扶桑社）、「ＦＸチャート分析マスターブック ＦＸプライスアクション成功の真実」（実業之日本社）、「勤勉で勉強家の日本人がＦＸで勝てない理由」（ダイヤモンド社）などがある。
「ブルベアFX通信」毎日配信中。

「ザイＦＸ！」の連載コラム「マーケットをズバリ裏読み」を執筆中 ▶**http://zai.diamond.jp/fx**

陳アソシエイツ公式ＨＰ ▶**http://www.chinmasato.com/**

[漫画]
押山雄一（おしやま・ゆういち）

1964年神奈川県生まれ。1985年、『私立東湘高校サッカー部』が「おしやまゆういち」名義で第29回手塚賞佳作受賞。1987年に「月刊少年ジャンプ」（集英社）にて『あばれ花組』で連載デビュー。著作に『あばれ花組』（全19巻／集英社）、『SOKKOH＜速攻＞』（全2巻／集英社）『TWO-TOP』（全4巻／集英社）など多数。

ザイが作った
マンガ「FX」入門！

2014年5月29日　第1刷発行

監　修	陳 満咲杜
漫　画	押山雄一
発行所	（株）ダイヤモンド社
	〒150-8409　東京都渋谷区神宮前6-12-17
	http://www.diamond.co.jp/
	電話／03-5778-7212（編集）
	電話／03-5778-7240（販売）

カバー・本文デザイン	寒水久美子
DTP	アワーズ
制作進行	ダイヤモンド・グラフィック社
印刷	勇進印刷（本文）・共栄メディア（カバー）
製本	ブックアート
編集	株式会社レッカ社（斉藤秀夫　小日向淳）
スーパーバイザー	織田直幸（株式会社ゼロ社）
制作統括	浜辺雅士

ISBN978-4-478-02440-9

本書は投資の参考となる情報の提供を目的としております。投資にあたっての意思決定、最終判断はご自身の責任でお願いいたします。本書の内容は、2014年3月現在のものであり、予告なく変更されることもあります。また、本書の内容には正確を期するよう万全の努力をいたしましたが、万が一の誤り、脱落等がありましても、その責任は負いかねますのでご了承ください。